白石絢子
Ayako Shiraishi
熱帯森林保護団体事務局長

アマゾン、シングーへ続く森の道

ほんの木

早朝、湖で水浴びをする子ども

カヤポ族の子どもたち

カマユラ族の村にて、夕焼け

相撲のような格闘技、「ウカウカ」

伐採で開発されたジャングル

シング一先住民保護区へ続く道

アマゾン、シングーへ続く森の道

まえがき

思いもよらぬご縁から、ＮＰＯ法人、熱帯森林保護団体（ＲＦＪ）のスタッフとなり、私はアマゾンに行くようになりました。おっかなびっくり、当団体の南研子代表と共に、初めての訪問から数えて二〇一一年までに七回、ブラジルへ足を運びました。

私たちの支援対象地域、シングー川流域には脅威に近いほどの密林と、そこを悠々と流れる大河があり、その大地に抱かれ、狩猟採集と自給自足の暮らしを営み、たくましく生き続ける先住民、インディオたちがいます。もともと、古い日本の民俗や世界の先住民の文化に強い関心を抱いていたとはいえ、見るだけだった世界にいざ行くとなると、私はとても緊張しました。過酷な自然、電気や水道のない暮らし、そんなこと果たして私にできるだろうか…。

当然、ジャングルでは蚊やあぶに山ほど刺されましたし、蜂や蟻にも刺されました。熱も出したし、ダニとゴキブリを街のホテルまで持ち帰っていたこともあります。移動は長く暑く、脱水症状を起こしたこともありました。

しかし、どんなにジャングルが過酷でも、一日の終わりに満天の星空を眺《なが》めていれば、また眠りにつくことへの喜びだけが残るのです。生活を共にするインディオたちは、深い知恵と、シンプル故に「なるほど」と思わせるような社会の仕組みを持つ人々でした。何よりも厳しい自然環境の中、強くほがらかに生きている。私は彼らの社会が持つ仕組みは本当によくできていることに驚きました。

驚くということは、私もどこかで「原始的」と、彼らを考えていたのかもしれません。しかし、今となって思うのは、果たして彼らの生活は「まだ、電気もガスも水道もない」暮らしなのか、ということなのです。

彼らの暮らしにないものは、私たちがライフラインと呼ぶ電気・ガス・水道、それだけではありません。貨幣経済はありません。完結した自給自足の生活を村ごとに形成しています。加えて文字はありません。知恵や歌、伝説は口頭で語り継がれていきます。そして、自殺、殺人、寝たきり、認知症、引きこもりなどはありません。

人間は社会を成熟させて進化してきたとはいえ、今私たちが頭を悩ませるのは、最後に述べた要素と、日々のお金のことではないでしょうか。しかし、彼らの暮らしは原因となるそのものがないのですから、そういった社会問題はないのです。インディオの社会ではお金や地位、権威などを持っていても何の役にも立ちません。

私は彼らを過去から私たちのような社会を目指して、こちらに向かっている人とは考えません。「今」この地球上に彼らの暮らしは、違う形で同時進行しているだけです。私たちは変わることを選んだ人々、彼らは変わらないことを選んだ人々にすぎず、もし今後、彼らが変わる道を選ぶなら、それは彼らの選択だと思います。

しかし今、彼らの生活は選択のうんぬんではなく「変えざるを得ない」ときを迎えています。私たちRFJの支援対象地域は、ブラジル中西部のマトグロッソ州とパラ州にかかるシングー先住民国立公園と言われ、その面積はおよそ十八万平方キロメートル（日本の面積の約半分）と広大です。かつてはそれ以上に、赤道を中心にブラジルの南の国境あたりまで、日本の面積の何倍もあるこの一帯全てがジャングルでした。しかし今、衛星写真を見るとこのシングー国立公園はまるで緑の陸の孤島のように、シングーの緑の境界線がはっきりと浮かび上がってきます。人間の引いた線により、周囲の森は伐採されたのです。

大豆ブームやBSE問題でアメリカの牛からブラジルの牛に注目が集まった二〇〇四年は、約二万六千平方キロメートル、四国の面積の約一・五倍に相当する森林が一年の間に姿を消しました。その年をピークに少しは減少しているものの、二〇〇九年までの年間平均は約一万二千〜一万八千平方キロメートルで、毎年それだけずつ、伐採されています。戦争、貧困、殺人、環境破壊、そして原発。毎日深刻なニュースが世界中から報じられているのを見ては、私たちがこのまま経済成長を続けながら、問題の上澄みをすくうだけでは解決できないものがあると切に感じます。

「生きる」って何だろう。世界はどこへ向かっていくのだろう。不安の穴を掘っても答えは出てきません。今、この時間だけちょっと視線をあげて、小さいけど広い世界を感じてみませんか。私はこの本を通じて、私が見てきた開発の現場の状況もありますが、それよりも私たちと同じ血を引くアマゾンの人々に今何が起き、彼らはどうやって生きているのか。一人の日本人として、私たちに何ができるのか、見て感じたことをそのままお伝えできたらと思っています。

第3章　インディオ長老、ラオーニ来日……71

第4章　暑く乾く三〇〇〇キロの運転

第5章　大きな使命を背負った二〇〇九年

第6章　シングー、奇跡の森に生きる人々……165

第7章　アマゾン、シングーへの道は続く……191

ブックデザイン　渡辺美知子　イラスト　白石順子

ブラジル主要都市と周辺地図
1000km
ベネズエラ
ガイアナ
スリナム
仏領ギアナ
コロンビア
アマゾン川
マナウス
シングー川
ブラジル
ペルー
シングー先住民国立公園
ブラジリア連邦直轄区
ボリビア
リオ・デ・ジャネイロ
サンパウロ
チリ
パラグアイ
アルゼンチン
ウルグアイ

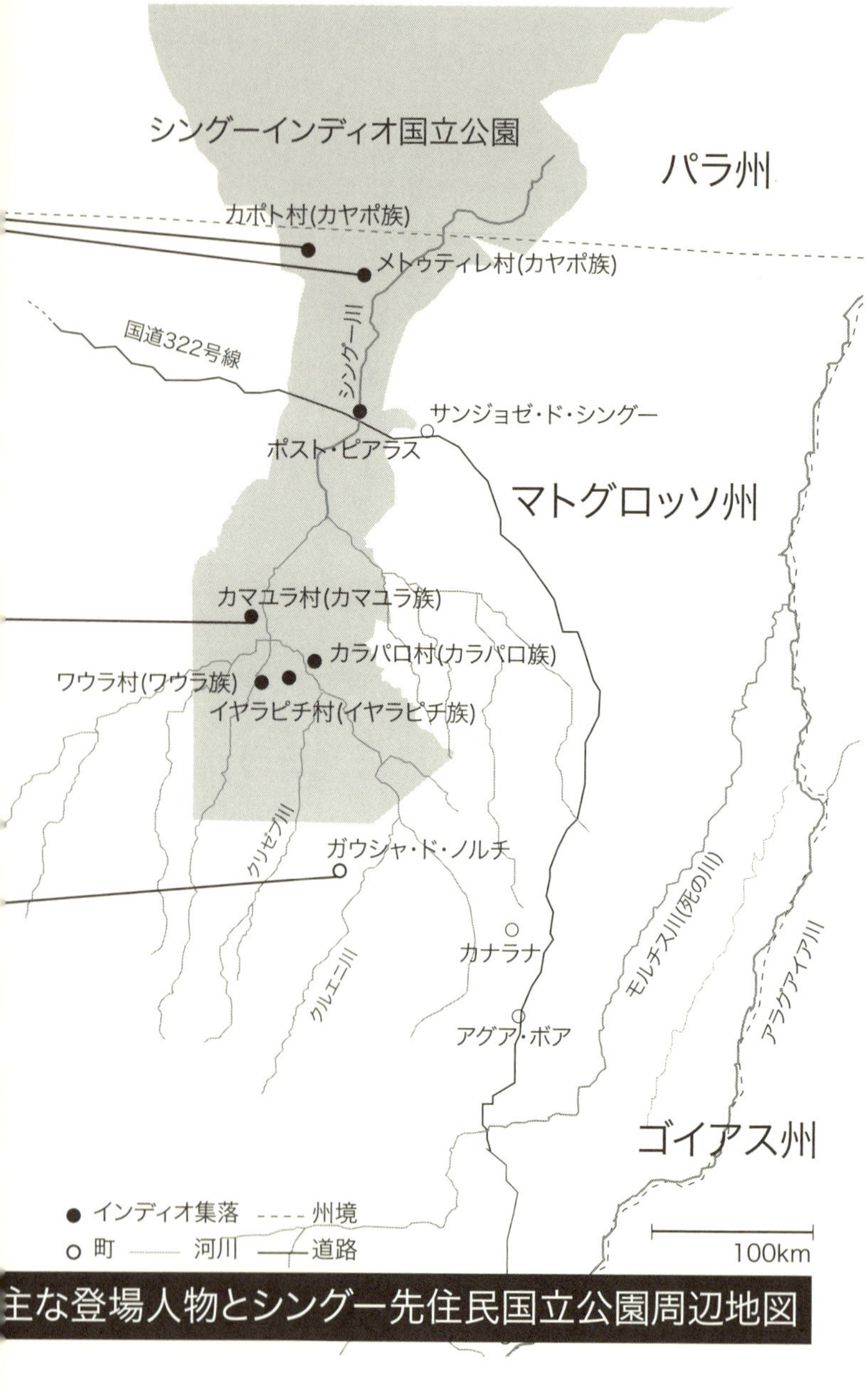

主な登場人物とシングー先住民国立公園周辺地図

カヤポ族
ラオーニ
メガロン
コリ
カマユラ族
マイラ
マプル
養蜂専門家
シジニー
東京(RFJ代表)
南研子
サンパウロ
アリセ
クイアバ(マト・グロッソ州州

第1章 パイングリ、アマゾンに出会う

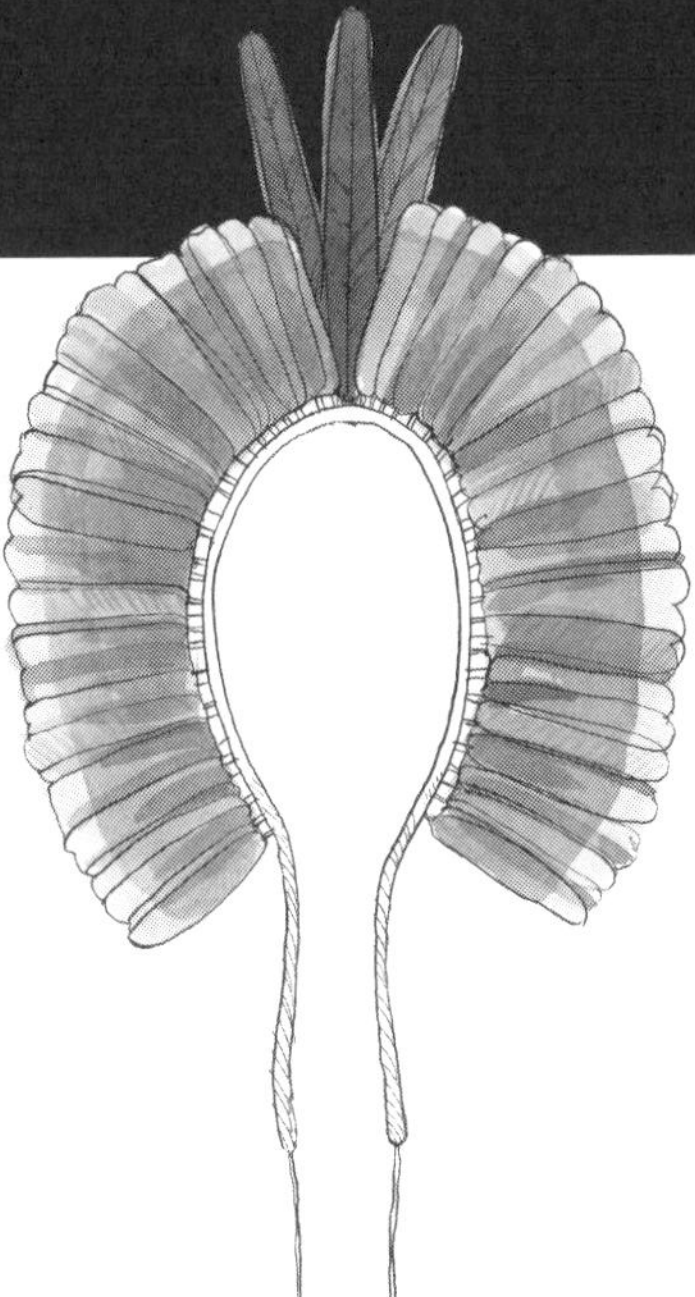

熱帯森林保護団体（ＲＦＪ）との出会い

アマゾンと私。今思えば、それははじまりから奇なるものだった。

ある日、近所の商店街の本屋に入ると『アマゾン、インディオからの伝言』という本がこちらを向いている。表紙の絵もなんだか愉快だ。手に取ってぱらぱらとページをめくる。著者は南研子。写真を見ると、ヒョウ柄のようなタンクトップに得体の知れない動物をつまんで、こちらに笑顔を向けている。どうやら日本人らしい。私は深く考えず、「インディオ」という言葉にひかれて、その場で購入した。

読んで驚いた。まず、地球上に未だ文明とかけ離れた世界で暮らす人間が、先住民がいること。その先住民とともに活動をする日本人がいること。アマゾンのジャングルにはビックリするような虫や生き物がいること。その全てが今、私のいるこの地球で、現在進行形で起きているということ。

そして、便利な生活をするために、私たちは美しいジャングルを猛スピードで破壊し、そこにあった命を礎《いしずえ》に、この社会を維持しているということ。

この本の章を読み進めるごとに肩の力が抜け、モヤモヤした気持ちがスッキリと解きほぐされていく感じがした。この社会への疑問は、インディオの、人間の原点ともいえる暮らしから徐々に明らかにされ、この地球で生きるもう一つの生き方、世界観を見せつけられたようだった。それと同時に、森を破壊する側に生まれたことを知り、ポツンと種を胸に落とされたような気がした。

その年、二〇〇〇年夏から、私は大学三年の一年間を交換留学生としてアメリカで過ごすこととなった。もちろんこの本をしっかりと持っていった。

ある時、日本の大学から一緒に留学していた親しい友人に「この本、すごく面白いから、今度読んでみて！」と、すすめた。その友人、加藤絢《あや》ちゃんは家も近く、祖母・母同士も友人、私たちで三代目のおつきあい。そして見ての通り名前の字も同じ。異国の地で生活している仲間として、ぜひ読んでほしかったたし、彼女なら好きだろう、そんな確信もあった。パッとその本を彼女の目の前に出すと、絢ちゃんが言った。

「あれー、なんだ、研子さんじゃない」

なんと、彼女のお母様、あつ子さんは研子さん（ＮＰＯ法人 熱帯森林保護団体、Rainforest Foundation Japan：ＲＦＪ、代表）の大学時代からの大親友。絢ちゃんが留学する前も送別会をして下さったそうだ。その場で私は大興奮。そんなご縁で、帰国して間もなく、二〇〇二年ころからＲＦＪのお手伝いをするようになった。

私が初めて東京都杉並区、浜田山の事務所にお邪魔したとき、目の前に開かれたアマゾンのアルバムを見た衝撃は、今でも忘れられない。私は一瞬でアマゾンに魅了され、写真に釘付《くぎづ》けになった。カラフルで力強く、圧倒的な存在感。エネルギーを放つ何かを前に、私はアマゾンに「行きたい」とは一度も言えなかった。

日本に帰国し、卒業を間近に控えたころ、私にも就職というときが来たようだった。といっても、いつもモノがあふれる世の中でモノを作るのも売るのもピンと来なく、恵まれた家庭で育ち、「働く」よりも「好きなこと」ばかりを追いかけて生きて来たため、その二つをつなぐことができず、自分の居場所を見つけられなかった。RFJでのボランティアはしていたけれど、月に数える程度。私は私の生きていく道を見つけなくちゃ、そんな想いがあった。

そのころ、研子さんから電話がかかってきた。

「今度のアマゾン、一緒に行かない?」

突然の誘いにビックリしたが、その場で「行きます!」と答えた。

思いもよらぬ研子さんからの誘い。状況が変われば、次はいつアマゾンに行けるかわからない。そのときの私にとってアマゾンは今しかなかった。

いざ、ブラジルへ

二〇〇五年、四月。当時の現地視察では、研子さんが先にブラジル入りすることが多かったので、私は一人、ロサンゼルスに住む親戚の家に数日滞在した後、サンパウロへ向かった。大量の日本食を背負い、長い長い飛行を終え、南米大陸、ブラジルに着いた！

研子さんと合流すると、その足でブラジリア行きの国内線に乗った。一九六〇年代、ブラジルの首都は、アマゾン奥地への開発を視野に入れ、政府により建設された計画都市、ブラジリアに遷都《せんと》された。乾季のブラジリアは気温が高く、異常に乾燥していた。降り注ぐ太陽の光は空の青や街の緑、道路、ビルなど全てのものの色をくっきりと濃く浮き上がらせ、景色から水分を奪っているようだった。

ここブラジリアからマイクロバスをチャーターし、陸路で支援対象地域であるシングー先住民国立公園を目指す。旅の準備のため数日滞在し、出発前夜に荷物をマイクロバスに積み込んだ。この年は、研子さん、ブラジル人スタッフを含め総勢六人での視察となった。マイクロバスをチャーターするにも、行き先を言うだけで断られることが多いシングーへの道のり。道路、治安、距離、どれをとっても悪条件が揃う。研子さんがいることで、私には絶対的な安心感があるが、初めて日本から一人でアマゾンに行った研子さんの勇気は並々ならぬものだと実感する。

四月二十九日、ブラジリアを出発。市街地を抜けるまでは、しばらく交通量があった。それにしても、この国の運転作法はひどい。ブラジルだなぁと外を眺《なが》めていると、そのうち視界が一気に開け、一面に牧場が広がった。さえぎるものは何もなく、視野の半分以上をまっ青な空が占めている。

朝も十時を過ぎると少しずつ気温が上がり、ムッとしてきた。空気が暑い。一日目は単調な牧場の景色が続き、およそ十時間、六百キロほど進んでから、アグア・ボアという田舎町に到着。ここに宿をとった。

この町は運送トラックなどが燃料補給の中継点として利用するところだ。まだまだ田舎っぽさはあるが、牧場、大豆などの開発で栄えており、年々この町も育っている。町を歩けば、珍しいアジア人の私たちをジッと見つめる人々。居心地の悪さの裏側で、まだ一日目でありながらも、シングーに近づいていることに胸が高鳴った。

初めて東京の事務所でシングーのアルバムを見たときの感動。今、それらが目の前に現れようとしている。私はアマゾンのジャングルに、シングーにたどり着こうとしている。興奮をおさえ、平常心を保つよう心がけた。

文明社会の工場

アグア・ボアでゆっくりするのも束の間、旅は更に進んだ。町を出ると、牧場や大豆畑の規模が桁違《けたちが》いに大きくなった。ゴイアス州からマトグロッソ州に入り、より土地の値段が下がるからだ。一つの牧場の敷地は途方もなく広く、青さに圧倒された空も、その下に広がる牧場も見続けて三日になっていた。

（この辺りもかつては全部ジャングルだったのかな）時折、だだっ広い畑に、巨大な四角い建物がどーんと現れる。大豆の貯蔵庫だ。大豆はだいたい年に三回収穫し、拠点となる貯蔵庫に保管され、乾燥などの工程を経て国内及び諸外国に輸出されていくという。

大豆の貯蔵庫。

畑には焼け残った太い木が異様な形でぽつん、ぽつんと立ち尽くしている。その姿は無惨で痛々しい。かさかさに乾いた不毛の大地に、たくましい蟻《あり》たちの、一メートル以上はある大きく見事な蟻塚が点在している。

私もここで育った大豆を、食べたことがあるかもしれない。日本ではスーパーやコンビニに行けばいつでもびっしりと製品が並んでいる。そうか、こういう場所があるから陳列された商品はいつでも溢《あふ》れるほどあるんだ。

やっとつじつまがあった一方で、ここまで手を伸ばしたその豊かさの代償を、果たして私たちは背負えるのかと疑問が芽生えた。

ここは資本主義社会の工場。都会での暮らしは、一次産業とは遠く、二次、三次と多くの人の手を介する。だから工場が必要なのだ。誰がどうして？　と思えば、それは私が生まれた日本であり、私の暮らしであり、私はそのど真ん中にいる。

悶々《もんもん》と考え、少しずつ落ち込んでいく私に追い打ちをかけるように、景色がバッと変わった。道の両側になぎ倒され、枯れた木々がいくえにも重なっている。座席からちょっと腰を浮かすと、地平線までそんな状況が続いている。このまましばらく放置し、乾燥を待ってから一気に火を入れて、森を燃やすという。

倒れた木々の根っこは天を指し示し、もがき死んでいったようにさえ見える。十キロくらい続くこの道のりを見てスタッフが言った。

「ここを一か月前に通ったときはまだまとまった森が残っていた」

日が少しずつ傾いてきた。外の風景が影絵のように黒く浮き上がる。あっという間に闇《やみ》が空を覆《おお》う。日没のころからぽつぽつと降り始めた雨も、今では本降りになっている。午後七時は過ぎていただろうか。激しい雨音にバスの中も静まり返り、なんとなく全員がウトウトしていた。

（ドライバー以外、眠ったらまずいかな…誰か一人くらい、起きてるかな…）

毎日続く開発の景色は衝撃で、でこぼこの土道は容赦なくお尻の真下からゴトゴトと私を体ごと上下にはずませる。立ち枯れ、暗闇に浮かぶ木々が「見ろ！」と言わんばかりに、その姿を私の目に焼き付けようとする。ブラジリアを出てから、すでに頭はいっぱい。疲れも出て、半分眠っていたのかもしれない。ザンザン降る雨の夜に一抹の不安がよぎっていた。

ガシャーン！

眠りで座席に沈んでいた体がガクンとずれた。雨音はまだ響き渡っている。

（何事だろう？）

辺りを見回す。静けさが漂《ただよ》う。スタッフが何やらドライバーと話している。こちらに戻ってくるなり彼はアッサリと言った。

「バス、シンジャッタ」耳を疑った。

「どうするの？」尋ねると、彼は肩をすくめて

「ここで寝よう」という。

バスは、壊れた。時刻は午前零時十一分。

周囲は何もない牧場のど真ん中。他に選択肢などないことが明らかすぎて、仕方なく寝仕度を始めた。二人掛けの座席に体を丸めすっぽりとおさめる。なかなか悪くない。何の問題もなく、ぐっすりと眠りに落ちた。

翌朝。七時くらいにもぞもぞと起床。バスの外に出ると、大雨により土砂が流れたのだろう、私たちのバスは大きな穴にハマっていた。朝靄《あさもや》がかかり、湿り気を帯びた空気がピタッと頬《ほほ》をなでる。朝早いのでまだ気温も低く、涼しい。

それにしても、前も後ろも、真っすぐ伸びるこの赤い道に、近寄ってくる車輌の陰は一つも見えず、静けさだけが私たちを包む。

「ハハハ、何もない」もはや笑えないけど、笑うしかない。

一時間ほど経っただろうか。遥《はる》か向こうからトラックが近づいて来た。すでに数台、助けを求めたが素通りされているので、期待しすぎず、でも希望は持ちつつ…手を振る。すると、私たちのバスの真横で停止してくれた。

助けてくれたのはコーヒーを輸送しているトラックだった。トラックに牽引してもらい、三十分ほど走ると、無事、整備工場（らしきところ）に着いた。泥とオイルで茶色く濡《ぬ》れたあば

一夜明けて、助けを待つ。

ら屋工場には、上半身裸の黒人のおじさんが立っていた。

数時間後、バスの修理は無事終わり、再び進路をシングーに向けた。「脅《おど》しになるだけだから言わなかったけど、私たちが一夜を明かした道路は盗賊道路と言われる、特に治安の悪いところだったのよ」と研子さんが言った。マイクロバスの会社が行き先を聞いて断るのは道路状況より、こちらの理由だったのかもしれない。

ブラジリアを出発して四日目、千五百キロほど進んだ。夕暮れどきに、ようやく保護区の境界線に最も近い町、サンジョゼ・ド・シングーを通過する。ここからは五十キロもないだろう。

しばらくは左右にまだ牧場が続く。

(なるほど、シングー先住民国立公園はもはや陸の孤島となっているんだ)

保護区の境界線ギリギリまでジャングルはない。体を通路に乗り出して、まだか、まだかと前を眺《なが》める。前方には赤い土道が相変わらず延びている。じーっと見ていると、今まで何もなかった道の先には、鬱蒼《うっそう》とした森があるのが見えてきた。見える、というか「いる」のだ。その森の背後には、とてつもなく大きな力が、グワーッとこちらに向かって湧き出ている感じがした。

本当はこれだけの森がいたんだ…。ここに辿《たど》りつくまでに私が感じたことも全て森は知っており、沈黙のままこちらをじっと見ているようだった。喜び、哀しみ、怒り、様々な感情が溢れてくる。

涙が出そうな目をぐっとこらえて、ここまで来ることができたと、研子さんにお礼を言うのが精一杯。それから気持ちを落ち着け、目の前に広がる森に向かって「はじめまして、お邪魔します。どうぞ宜しくお願いします」と心の中でつぶやいた。

シングーについた！

ポスト・ピアラスに着いたときはもう真っ暗になっていた。このポスト・ピアラスは、拠点となる監視所の一つだ。広大なシングー国立公園の境界線上には、このような監視所が点在しており、その近くの集落から担当のインディオが選ばれ常駐している。中でもここは国道が横切っているので、その関所の役割と、シングー川の渡し船の運行をしていることもあり、立地上インディオの往来が多い。そのため学校もあり、二百人ほどのインディオが暮らしており、監視所としてはかなり栄えている方だ。

ピアラスの長であるカヤポ族の長老の一人、ベジャイに挨拶をし、荷物を降ろしてから、ろうそくと懐中電灯の光を頼りにご飯の仕度にとりかかる。

実は、初めてのことにあまりに必死で、着いた瞬間のことはよく覚えていない。そしてこの日にもう、私はカヤポ族の「パイングリ」という名を授《さず》かった。

マイクロバスに揺られる日々から解放された！　と思いきや、ジャングルでの初めての夜は蚊に悩まされた。靴下の上からも刺されている。かゆみは数日続き、夜にハンモックの中で寝袋に入り、足が温まるとまた痒《かゆ》くなってくる。厄介《やっかい》だ。

ここではハンモックで眠ることが一番衛生的。地面から虫が上がってくることはなく、座ったり、横になったり、多目的に使える。何よりとても快適なのだ。

インディオの暮らしは、現代の私たちの暮らしとはずいぶん異なる。彼らの村は、直径三百から五百メートルほどの円形で、その円周上に、ヤシ葺《ふ》きの、日本の古民家のような家々が並んでいる。村の中央には「男の家」と呼ばれる家があり、ここで全ての政《まつりごと》が行われる。ここには電気・ガス・水道はなく、川から水を汲《く》み、太陽の光と焚《た》き火、釣りや狩猟《しゅりょう》、畑での農作物で生活が成り立っている。村の人口は最大でも五百人ほど。それ以上になると村を分ける。彼らの社会、生活の場はこの円い村と周囲の自然、それが全てだ。そして、貨幣はない。この完全なる自給自足、狩猟採集のジャングル暮らしを一万年以上前から脈々と続けている。

インディオの人々の主食、私たちのお米に代わるものはマンジョーカという芋《いも》だ。見かけは太いゴボウのような感じ。それの皮をむき、すりおろし、水で洗うことにより毒を抜き、しぼって残ったでんぷん質を少しの水分で厚めのクレープのようにして焼く。

この芋《いも》は少し酸味があり、焼きたては柔らかく、モチモチしている。カヤポ族はおおざっぱなのか、このマンジョーカ芋《いも》のクレープ（ベジュ）が酸っぱく、もの凄い発酵臭を発していた。しかし、後にシングー川上流域の部族を訪れたとき、ベジュにクセがなく、キメが細かく美味しいことに驚いた。そしてこのベジュに焼き魚などを包んで食べるのだが、私たちの場合はこっそりと持参したお醬油を魚に垂らし、それを包んで食べたりした。これがたまらなくおいしい。

お風呂などもちろんないので、水浴びは小川へ行く。村によって異なるが、だいたい十五分くらい獣道《けものみち》を歩く。研子さんの話だと十五分などまだいい方らしく、数キロ、なんて村もあったようだ。

この川の水は太陽と大地のエネルギーの全てが詰《つ》まっている。冷たい水に入ると、体に蓄積された熱を一気に吸い出して、毛穴からジワジワとそのエネルギーが入るようだ。ジャブンともぐり、プカ～っと浮けば、青い空があって、周りからジャングルの木々が私を覗《のぞ》き込んでいる。最高に気持ちいい。

人生の九割以上を都会で暮らしてきた私は、ジャングルに入ってすぐは他の生物の存在をつい忘れてしまう。あるとき、無意識に壁に手をついたら、いきなり手に激痛が走った。「ひぇっ」心の中で一人叫ぶ。見ると赤茶色の蟻《あり》がしっかり私の手を噛《か》んでいた。そういうときは、心を落ち着かせ「私はジャングルにいるんだ。もっと敏感に…感覚を鋭く…」と言い聞かせる。数日もすれば、虫も私もお互いうまくかわしあったりできるようになる。それでもジャングル風呂に入るときは、必ず先客がいないかよく確認する。ワニさんや豹《ひょう》さんと出会ったら、大変だ。

インディオ学校の開校式

ピアラスに到着して数日後、JICA《ジャイカ》（国際協力機構）の草の根支援で二〇〇四年に建設された学校の開校式と模擬授業が行われることとなった。正装をしたインディオたちが、ぞくぞくと学校に集まって来た。

アマゾンの先住民は元来裸である。今でこそ服を着る習慣は入ってきてはいるが、部族によっては裸のままであるし、祭りとなると、服を着ないことが多い。このような過酷な自然環境では、服を着た方が汗や汚れが服に付着し、逆に不衛生だ。

そして彼らは、ボディペインティングを体に施《ほどこ》す。黒い色はジェニパポという木の実。中の種は墨《すみ》のような見事な黒になる。指やヤシの堅い繊維《せんい》を筆代わりに使って、丁寧《ていねい》に体や顔に模様を描いていく。もう一つの色、赤はウルクンという木の実。朱《しゅ》に近い赤色の小さな種から赤い粉末をとって、ヤシ油を混ぜ、石鹸のような形に丸めて使う。このボディペインティングは装飾だけではなく、虫除けや防寒の効果も果たしている。こうした一つひとつの習慣はとても理にかなっている。

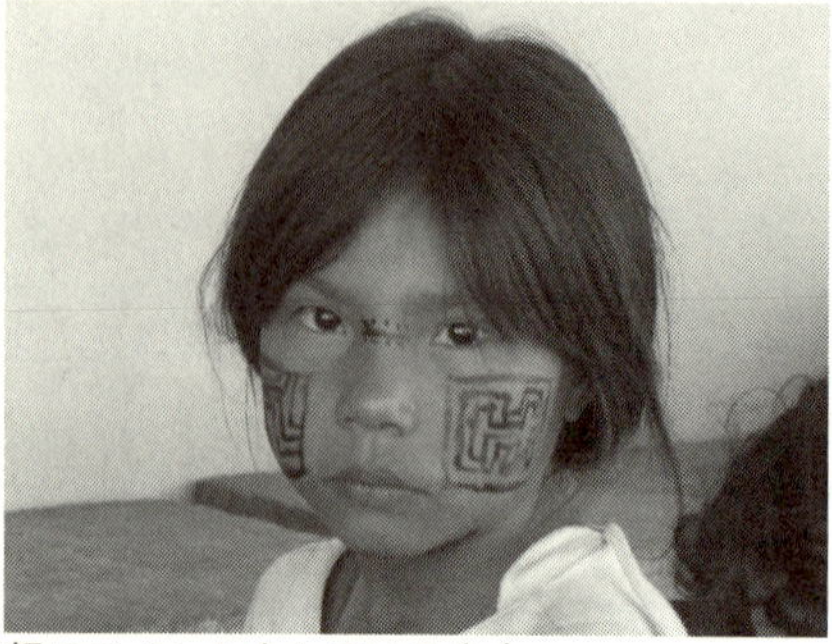
顔にペイントをしている少女。

この日はピアラスにいるインディオたちほぼ全員と対面する機会となった。こんなにたくさんのインディオに囲まれ、しかもみな派手に装飾している。ただでさえドギマギしているのに加え、ウルクンの匂いと新しい建物の匂い、人の熱気が充満し、蒸し暑さと緊張で変な汗が出てきた。滞在三日目にして「私、すごく遠いところに来ちゃった。どうしよう…。この先活動続けられるのかな」と戸惑った。今思えば、なんと初々しい私だろう。

一緒に席について模擬授業を聞く。子どもたちがちらちらとこちらを見て、目が合うとにや～っと笑ったり、きゃーっと目をそらしたり。

ここピアラスは村ではない。貨幣のない、狩猟採集の暮らしとはいえ外部とも近いので、外のモノも情報もたくさん入ってくる。こうして学校を作り、ポルトガル語を学び、算数などを学んでいくことがいいのかどうかはわからない。しかし、少なくとも学校は彼らが望んだことで、研子さんはいつもインディオからあがった声を、支援として実現することをモットーとしている。

インディオが伝統的な生活を変えたいか変えたくないかは、個人によって差はあれど、共通してジャングルを命の源としていることに変わりはない。ブラジルという国家の下で、彼らは森がなくなっても、ここでしか生きていくことはできない。そこに選択の余地はなく、生きていくために、変わっていかなくてはいけないこともたくさんある。変化とはどんな社会でも普遍的なものだ。しかし、インディオが直面する変化は、私たちの変化とは明らかに質が違う。

ジュルーナ族のお祭り

ピアラスに滞在中、ちょうどジュルーナ族の人々が祭りを始めた。その様子を見に行くと、すっかり祭りムードに満ちて活気づいていた。

いよいよダンスが始まった。男女が混ざり、足でドンッドンッとリズムをとりながら円になってまわる。ひざに付けた動物の爪の飾りがシャンシャンと音を奏《かな》でる。赤い大地と突き抜けるような青い空をバックに、彼らのカラフルな羽飾りが映える。行ったり来たり、円が崩れてはまたでき、誰が言うでもなく歌と踊りが変化していく。

円の外にしゃがんで眺《なが》めながら、心地よい歌のリズムや歌声は日本のそれと近く、懐《なつ》かしいという感覚が芽生えた。

気づけばもう昼が近いので、ひとまず戻ることにした。背中の方で歌声が聞こえ続ける。乾季も日を追うごとに本格的になり、一日ずつ昼間がジワジワと暑くなってきた。

熱気で景色がもやもやと揺れる午後、研子さんが水浴びに行った。私は一人涼しい家の中で日記を書いていた。すると、ジュルーナの男の子が二人、にやにやしながらやって来た。入るなり私の両腕をつかみ、何か言っている。その表情から（お酒飲んでるな…）と思った。

保護区内はアルコールの持ち込みは禁止だが、部族によってはミンガウと呼ばれる、芋《いも》でできたどぶろくを作る。「みんながダンスをしているからこっちに来い」と言っているようだが、そのまま強引に外に連れ出されてしまった。するとちょうど研子さんが戻ってきた。

「パイングリーどこ行くのー？」大きな声で答える私。

「なんか後でって言ったけど聞かなくて、あっちに連れて行かれそうで○▲◇×」

両腕をがっちりつかまれ、ずんずん歩くので、最後まで聞こえてないだろう。

踊りの現場に近づくと、予想以上に盛り上がっている。歌声に混じって動物のような雄叫《おたけ》びまで聞こえる。私を連れた青年たちは小屋に近づくと「オォーフォーッ！」と叫んだ。すると中では、それに呼応するように「ウォッウォー！」と返事がきた。入ると中央に男性陣が固まり、女性たちは周りに輪を作っている。男たちの真ん中に入れられ、腕をしっかりつかまれ踊りに加わらされた。熱気でムワァとし、汗とお酒で臭い…。ぎゅうぎゅうに腕を組み、引っ張られながらぐるぐるまわったり、飛びはねたり、なんだか、すごいことになっている。完全に渦《うず》に飲まれてしまった。

しばらくすると家の外からまた、「ウォフオー！」と言う声がした。「やった！　研子さんも連れてこられたな（シメシメ）」案の定、研子さんが輪に引きづり込まれた。私が連れて行かれるのを見て「私はここにいるから〜」なんて余裕をかましていたが、いまや水浴びもむなしく、汗まみれにもまれている。

タイミングを見計らって輪の外に抜け出すと、女の人が手をさし出した。周りの女性たちの大きな円は、中とは正反対でとてもゆっくり。ふと横を見ると、そこに抱かれている赤ちゃんの顔が日本人そのものだった。言葉は分からないけど、手をつなぎあって、歌に合わせて歩くと、遠いと思っていたアマゾンがここにあり、その中でこうして溶け込んでいることが嬉しかった。こういうの、好きだ。

しばらく盛り上がりが続くと、全員歌にのせて家の外へ出て行った。私も子どもに手をひかれ、前の方へ組み込まれた。列が向う方向は…川だ。（あ、やばい）

研子さんはすでに、家へ逃げ帰っている。川を正面にする道に入ると、多くの歓声とジャバジャバと水の音が聞こえる。待ち構えていた数人が、私を取り囲み手を引っ張った。デジカメを手にしていた私は、

「カメラ、カ・メ・ラ！　わかる？」日本語で必死に拒む。何事も経験とはいえ、私はどうなってもいいけど、これだけは守らなくてはならない。すると一人の男の子が私の手からカメラをひょいと取り、にっこり。

私の観念した表情を読み取った瞬間、私をつかんでいた全ての青年が一斉に私を抱え、川へ投げた。立ち上がろうとするとまた倒され、立てない。

小休止をして陸にあがり、早々と家に戻ろうとするブラジル人スタッフにカメラを託した。躊躇《ちゅうちょ》する理由はもうないけれど、どこからか手が伸びては体をつかまれ、水に投げ倒される。立ち上がっても、立ち上がっても…。当時、私は二十五歳だったが、そんな風には見えず、完全にナメられていた。

もがく私の横で子どもが笑っている。水で暴れさせられ、ぐったり疲れて一日が終わった。祭りを楽しんだというより、遊ばれたというような…。

家に戻ると「お疲れーパイングリ」と研子さん。ずぶぬれの私は着替えるだけで、おかげで水浴びに行く必要はなさそうだった。

祭りから一夜明けて

祭りの翌日。昼過ぎ、十五時くらいだろうか、外が騒がしい。

「密猟者が捕まった！」何がなんだかわからないまま、カメラを片手にトラクターに乗り込む。荷台で話を聞くと、不法侵入者が捕まったというのだ。シングー国立公園はブラジル政府が認定した先住民保護区で、外部の立入りにはFUNAI《フナイ》（法務省管轄、国立インディオ基金）の許可証が必要だ。もちろん、私たちも毎年許可を得て現地を訪れている。

この保護区を南北に分けるように、国道322号線が真横に突っ切っており、ここピアラスにはその関所が設けられている。変な話だが、国道は公《おおやけ》でその両脇は国立公園。開発は道路一本からはじまる。これでは不法侵入者は容易に伐採も漁もできる。

この状況はブラジル政府によるインディオやアマゾンの自然への視点を象徴している。いつでも開発出来るような体制で構えつつ、対外的には「ジャングルはシングーに残っている。シングーは守られている」と言うだろう。

道に出ると、後ろからインディオたちが数人トラクターに飛び乗った。顔をジェニパポで黒く塗っている。戦いのペイントだ。手には武器も持っている。

「戦いだ！　戦いだぞ！」と険しい表情で叫ぶ。

インディオたちの顔を見渡すと、昨日のお祭りで見かけた面々ばかり。彼らのあまりにも真剣な表情に、一瞬わからなかった。ただならぬ雰囲気の中、不安そうな私に、一人の青年が、「大丈夫だよ」と声をかけた。

間もなく人だかりのあるところに到着した。捕まった密猟者は七人のブラジル人。顔を真っ黒に塗ったジュルーナの男達は、斧《おの》やこん棒を振りかざし、怒鳴り、威嚇《いかく》する。

捕まった密猟者たちは皆動揺している。遠巻きに観察し、目立たないようにカメラのシャッターを切った。しばらくして、ひとまず不法侵入者をピアラスまで連れて行くことになり、戻

密漁者を取り囲むジュルーナ族の男性たち。

ることとなった。

ピアラスに戻ると、ジュルーナの人々がぐるりと不法侵入者を取り囲んだ。運ばれてきた彼らの白いトラックは、荷台が保冷庫になっており、中から続々と魚が出て来た。さらに保護区内には持ち込み禁止であるアルコール類の缶ビールがごっそり出て来た。数日滞在し、釣った魚を近郊の町で売ろうとしたのだろう。魚と箱詰めにされたビールが並べられ、不法侵入者たちはその前に座らされた。

一人の長老が前に出て、ジュルーナ語でまくしたてる。それから長いこん棒を手に持つと、ビールの箱をメタメタに叩きつぶした。辺り一面に、ブシュ―っとビールが吹き出した。

森はインディオの暮らしの全てである。彼らの命である。今でこそ保護区として区切られているが、ここはブラジルという国ができる前から、インディオが生きてきた大地だ。およそ一千万人いたとされるブラジル先住民は、今やおよそ三十八万人にまで減ったという。この国は、インディオの命と引き換えに発展してきた。

男たちの間から、一人の女性が脇に大きなナタをはさんで前に出て来た。四十歳くらいのお母さんは、密漁者の胸ぐらを掴《つか》み、こぶしでドンドン叩きながらジュルーナ語で訴える。言葉は分からないが、声を震わせながら

「こうしてお前たちが私たちの大地を荒らし、森を壊していくんだ！」と言っているようだった。すると、もう一人の女性がジェニパポを器に入れて出て来た。そして、それを密漁者一人ひとりの顔にベッタリと塗り付けた。彼らインディオが全身を真っ黒に塗ったのは戦いを意味したペイント。そして、この黒いペイントにはもう一つの意味がある。「死」だ。密漁者の中には、目に涙を浮かべる者もいた。

もちろん、今となっては密漁者を殺したりはしないが、不法侵入者が森を荒らすことは、インディオたちにとって、彼らを死に追いやる行為も同然だ。

この後、しばらくして密漁者たちは州警察に引き取られていった。特に取り締まりが強化されることもないだろうし、密漁者たちだって、貧しいブラジル人だ。親玉はどこかで優雅な暮らしをしているに違いない。

アマゾンに通って十五年ほどの研子さんでさえ、不法侵入者に遭遇《そうぐう》するのはこのときが初めてだったと言う。一回目で私が出くわすとは、やはり不法侵入者の数が増えているんだと、研子さんが言った。こうやって発見できればいい方で、不法侵入者によるトラブルは後を絶たない。相手が武装していれば、インディオたちは手が出せないどころか、命を失いかねない。

対照的な二日間だった。祭りの彼らは喜びに溢れ、今日の彼らは怒りに満ちていた。一喜一憂などしていられない。それでもまた日常は続く。日がまた昇れば険しい顔も元に戻り、笑顔で挨拶。この出来事を通じて、彼らがいかに「今」を生きているかを感じた。まっすぐで、シンプルで、切り換えが早い。過去のこと、先のことを憂いても今が変わるわけではないんだから、ほら、今日一日が始まったよ。そう言われているようだった。

初ラオーニ

ピアラスはあくまでもポストなので、初めて訪れる集落はカヤポ族のメトゥティィレ村だ。ピアラスから小型飛行機に乗り、シングー川沿いに四十分ほど下って行くと、眼下にメトゥティィレ村が見えて来た。高度が下がると一段ずつ蒸し暑さも増す。そのさ中、長袖に靴下、首にタオルを巻き、手にはうちわ。完全装備で着陸の準備をする。汗がにじむ。このメトゥティィレ村は異常に蚊が多いのだ。

滑走路に着くと、早々に第二便のスタッフをピックアップしに再び小型飛行機は離陸。ブンブン蚊がたかってくる。滑走路で待つこととなった私は、研子さんの助言通り肌の露出は防いだが、不快感で初めてのインディオ村の感慨も何もない。

長かった待ち時間を経て、ようやく村の中心にある男の家へ、長老ラオーニに会いに行く。ラオーニは、一九八九年にイギリス人の歌手スティングと「アマゾンを守ろう」ワールドツアーで来日し、そこでの出会いを機に研子さんはRFJを設立した。ラオーニに、魅せられて、と言った方が正しいかもしれない。

研子さんが崩れ込むようにラオーニと抱き合う。この年の前年の二〇〇四年、不慮の事故でラオーニの息子を含む十二人のインディオが亡くなった。予想もしなかった出来事に、涙の再会となった。一通り気持ちを落ち着けてから、研子さんが私を紹介した。

「うむ、パイングリか」にっこりするでもなく繰り返した。初めてのラオーニ、初めての集落に緊張し、ポツンと立っていると、ラオーニが言った。

「パイングリ、ここに座りなさい」自分の座っているゴザの一部をぽんぽんと叩き、場所を作ってくれた。ひとまず腰を下ろしたが、やはりドキドキしていた。それにしても初めての生ラオーニ。カヤポ族のみならず、ブラジル全体のインディオのカリスマ的存在であり、偉大なる

再会を喜ぶ研子さんとラオーニ。

初めてのラオーニに緊張する私。

呪術師。しかし彼は驚くほど普通のおじいさんという感じだった。その普通さこそが、計り知れない大きさであることに、私はまだ気づいていなかった。
　メトゥティレでの夜、体中が痒《かゆ》くてまったく眠れなかった。緊張で気づかなかったが、男の家でラオーニの隣に座っていたときにビッシリ刺されていたのだった。

生きるって忙しい！

　初めてのジャングルへの旅を終えて日本に戻ると、多くの友人たちに「ジャングルで毎日、どうしてたの？」と尋ねられた。いつもどこからどう答えようかと、考えながら話すのだが、本当はひと言「生きてた！」に尽きる。

電気、ガス、水道などがないということは、体をとても使う。朝起きて火をおこし（ライター は使う）、お湯を沸《わ》かすところから始まり、合間に撮影やミーティングをしていると、あっという間に昼がやってくる。片付けやら食休みをしていれば、日が暮れて冷えてくる前に水浴びと洗濯に行きたい。しかし午後は外が暑すぎてあまり活動ができないので、物事の進みが遅くなる。

気づけば夕方、グングンと気温が下がるので、上着をはおり、水を汲《く》んで夕飯の仕度。薪《まき》をたいてお湯を沸かし…。一日のところどころでトイレのために茂みに行ったり、川まで歩いたり、子供とたわむれたり…私たちは滞在の身だが、日常となれば、これに子どもがいて、畑に行き、薪《まき》を集め、超多忙な上に体力が必要だ。

私は初めて気付いた。

「生きるって忙しい！」

そして、この忙しさは気持ちのいい忙しさなのだ。着実に自分が動き、時を自分の体のリズムで刻み、行動の全てが直接的に生きることのためだけに行われる。心と体と時間、その間にズレはなく、ただ生きるのみで疑問もない。

生きることは食べること。そのために体を動かす。それだけなのだ。いつの間にか私たちはそれ以上の何かを求めるようになり、満たされない心や頭だけが突出して忙しくなった。だから、文明社会はときとして無性に疲れるのかもしれない。

日本に戻り、伯母《おば》がアマゾンの写真を見て私に尋ねた。

「この方たちの職業は何？」考えてもみなかった質問に私が思いついたのは、

「生きてるにん…げん？」これだけだった。しかし、本当にそうだったのだ。

インディオの人々の暮らしは、全て生きることに直結していて、日々が淡々と過ぎていく、それのみである。初めてそういう暮らしを体験して思った。生きる目的は「生きる」こと。私は人間として生きている、それだけなんだ！

何かをするため生きるのではなく、生きているから何かがある。そして、何もなくてもいい。そう思えるようになったら、一つ胸のつかえがとれ、焦《あせ》りのような感覚が消えた。どんな職業に就《つ》いても、どんな道を通っても、自分が生きることはかわりない。そして、それを評価出来るのは自分しかいない。自分を信じてあげられるのも自分しかいない。

生きる忙しさはとても気持ちよく、充実感に溢れている。涙を流す日も、悲しい出来事もある。しかし根本的には、生きるって前向きなはずだ。

初めてのジャングルは驚きの連続だったけれど、インディオに多くの気づきを与えられた。一方で、開発の現状を目の当たりにして、一層に自分の役割を考えた。課題は山積みだが、この旅を通して、私は迷ったときに立ち戻れる場所を見つけられた気がした。

「パイングリ」

冒頭にも記したが、この年、私は早々にカヤポ族の名前を頂いた。

「パイングリ」という。

私は足が小さく、二十二センチしかない。ある日、靴を脱いだら当時のブラジル人スタッフが私の足を見て驚いた。

「何だこれ！　小さい！」

それからスタッフが私をペジーニョ（ポルトガル語で小さい足）と呼ぶようになった。ポスト・ピアラスに着いたとき、当時のスタッフ、パウロ氏が早速カヤポ語でペジーニョを何と言うのか、ピアラスの長老ベジャイに尋ねた。

「パイングリッ」とベジャイが言った。

翌年、私にとって二回目のシングー視察で、カヤポ族の集落でインディオと会話をしていると、一人のインディオが

「パイングリとはいい名前だね。僕のおばあさんもパイングリだった」と言った。

「ヘェ！　元々パイングリという名前があるんだ！　でもパイングリって足が小さいってことでしょう？」と私が聞くと
「いや、小さい足はパッリングリッだよ」と言う。

どうやら私たちは最初の段階で聞き間違えてしまっていたようだ。

「パイングリというのはグレート・ウーマンということだよ。僕の祖母もそうだったようにね」さらに彼が続けた。

聞き間違えた「パイングリ」は、偶然にも元来カヤポ族にある名前で、さらにこんなにすてきな意味があったなんて、何と光栄なことだろう。一年以上パイングリで定着したので、聞き間違いもご縁、パイングリのままいこうと決めた。

こういう経緯があるので、研子さんが「パイングリはグレート・ウーマンって意味なんですよ」と講演会などで私を紹介すると、ちょっと照れくさい部分もあるのだが、しいて言えば、私の場合は小さい足のグレート・ウーマン？　だろうか。名前に追いつけるように目下修行中である。

ジャングルのトイレは
あまりリラックスできない。

第2章
遠いシングーへの道のり

道路封鎖

振り返れば、シングーへの旅はいつも一筋縄《ひとすじなわ》にはいかず、毎回何かが起きる。二〇〇六年は始まりから足踏みをした。NY《ニューヨーク》でフライトが五時間も遅れ、成田から三十五時間以上かかってサンパウロに着いた上に、着いて二日後にいきなり熱を出した。そして、本調子でないまま、サンパウロからブラジリアへ移動した。

出発前夜、草の根支援のときに購入した三菱のジープの荷台に、私物以外の荷物を積んだ。翌朝、出発しようとすると、荷物が全部盗まれていた。気休めに警察へ届けは出したが、必要なキャンプ用品や食料は、移動途中で町に着く度に、仕方なく一から再び買い揃えることにした。

ブラジリアを出て四日目、ポスト・ピアラスに着いた。私たちとほぼ同じ頃、カヤポ族のリーダーたちや、ジュルーナ族の人々も続々とピアラスに集まった。

この年、マトグロッソ州の州都クイアバから大西洋の町、サンタレンまでの約二三四〇キロに及ぶ国道163号線を開拓し、結ぶという大計画があがった。道路が開通し、舗装されれば開発がさらに広がることは必至だ。インディオ居住区のすぐ近くで進められようとするこの計画に、インディオたちは反対運動を四月から始めていた。

運動の中心にいるのがカヤポ族リーダーのメガロンだ。五十代半ばの彼はラオーニの甥《おい》で、シングー先住民国立公園全体の実質的なリーダーであるといえるだろう。研子さんとは世代も近く、二人は戦友のような、特別な友人同士でもある。

「この国道163号は我々の聖なる大地を壊す。政府はインディオを殺すような行為をしている。あの一帯は精霊のいる大地だ。その精霊は昔、バラバラになりかけたカヤポ族を一つにまとめた」いつもは温厚で口数の少ないメガロンが、険《けわ》しい表情で力強く話す。

「あそこの森もなくなった。あの森も。あそこは本当に美しかった」思い出すようにして、メガロンが続ける。

「これから、この計画への反対表明として、このピアラスの渡し舟と国道163号沿いの町で道路封鎖を行う。これからインディオたちがもっと集まる」

数日後、反対運動のためメガロンとラオーニがブラジリアに向かうと、戦いのペイントで全身を黒く塗った男たちが、続々と各集落からピアラスに集まった。村から到着したばかりのインディオは、ジャングルのエネルギーをどっしりと背負い、いつもに増して一人ずつが大きく見えた。

インディオたちが集結するのとは対照的にブラジル政府は沈黙を貫き、向き合おうとしない。

それを受けて、いよいよ二か所での道路封鎖がはじまった。インディオが抗議運動を行っても、ブラジル政府もメディアもまるで取り上げようとしなかった。今回だけではない、何十年と同じことが繰り返されているのが現状だ。

私たちもこの反対運動に出くわすとは思ってもみなかったので、事業のミーティングもできず、ピアラスで「待ち」の状態が数週間も続いた。ただならぬ事態、先の見えない視察に、ブラジル人スタッフはピリピリし、雰囲気は悪くなる一方だった。

ある日、「どうしてこんなにうまくいかないんだ！」とスタッフのパウロ氏が嘆《なげ》くと、彼に研子さんが言った。

「うまくいかないのも、私たちに何かがのしかかってくるのも、当たり前だよ。だって、こんな状況にインディオを追いやったのは誰？　それは私であり、あなたであり、文明社会に生きる全ての人でしょ？　私たちは旅の計画を考え直したり、選び直すことができる。でも、インディオたちはこの森が全てで、迫ってくる開発と戦いながら、ここで生きていかなくてはいけないんだよ」

インディオとの関係が長い分、こんなに近くにいても何もできないなんて、誰よりも研子さんは胸が痛く、悔しい思いをしているのだと感じた。

長期戦になりそうなので、私たちは一旦ブラジリアに引き返すこととなった。

ブラジリアまでの道中にセッハ・ド・ホンカドール（いびき山）という、長い峰のある岩山を通る。風雨に削られた岩山に風がぶつかると、ゴォゴォといびきのような音が出ると言う。このホンカドール山の一番端に、人の顔のように見える巨大な岩がそびえている。それはまるで、シングーに来る者を見張っているようなのだ。

ここはかつてシャバンチ族の人々が聖地として崇《あが》めていた。今は牧場などに囲まれているものの、その存在感は失われることはなく、聖地に変わりはない。毎年ここを通るときは、巨岩の真下に車を止め、私たちはご挨拶をしている。

（今回は一度街へ戻ります。どうか物事が良い方向へ進みますように。そして、どうか私たちの旅をお見守り下さい）と手を合わせた。

ホンカドール山の番人。

発熱

二〇〇〇年から二〇〇九年ころまで、ＲＦＪはカヤポ族の支援を主にしていた。そのため、私も最初の四年ほどはラオーニの住むメトゥティレ村と、長老ヨバウの住むカポト村、この二つの村を訪れることがほぼ通例となっていた。メトゥティレ村は蚊が多くて辛いので、滞在日数は最低限にして、カポト村に数週間、ということが多かった。

カポト村は初めてのジャングルから毎年訪ねている唯一の村なので、私にとって特になじみ深いといえる村の一つである。何よりもこの村、とっても美しいのだ。

カポト村で熱を出したことがある。数日胃が重く、食欲もなく、喉も痛くなりつつあった。（変だなぁ…）外は五十℃を越す暑さにも関わらず、昼間であるのに寒気が私の体を包む。（まずいな…）

発熱した。三十八度六分。本格的に熱が出ると今度は暑くて仕方がない。用を足しに外に出れば、カーッと照りつける太陽の威力にフラフラ、まるで空気のよどみと一体化し、私も溶けていくようだった。

唯一の炊《た》き出し係の私が倒れてしまっては、何かと不便になると気にしつつも、ひたすら熱さにうなされることしかできなかった。

二日ほどすると、研子さんのほどよい看病でだいぶ回復してきた。ハンモックに包まれながら、ぼんやりとヤシ葺《ぶ》き屋根の天井を眺《なが》める。ヤシの茎《くき》の部分が見事に整列していて、きれいだ。誰もいない昼下がり。こうして一人で家にいると、知らぬ間に色々なインディオが私たちの滞在している家を見物しにきているのがわかる。

スーッと誰かが入ってきたと思うと、一回り見渡して帰って行ったり、うろつきながら、私の存在にビビって去って行く人、「どうした？　病気か？」と話しかけてくる人。ほとんどが男性だが、みんないい感じに暇そうに見える。

話は少しそれるが、インディオの女性は本当によく働く。強く、たくましく、美しい。私の言葉でインディオの女性を形容すると、こうなると思う。子どもをたくさん産んで、よく動く強い女、これがジャングルで求められる女性像だ。

水汲みや畑仕事など、毎日の積み重ねとなる役回りは全て女性がする。一方で男性は、好きな人はせっせと狩りに出たり、ヤシで屋根をふきかえたり、釣りに出たりするものの、男の家やハンモックでのんびり過ごすのもアリ。単発的で男の力が必要な仕事のみ、男性の手にゆだねられる。しかし、これら男の仕事はがんばり次第で丸一日を要さない。結果、比較的暇することもできる。だから、私が熱で寝ているときも、ふらりと見物に来るのは男性ばかりだったのだ。

男性は自由に動き（遊び？）、女性が日々の基本となる部分を支えていく。そして、女が強い。根本的に男性と女性は心も体も、持っている機能が違う。それぞれ機能と特性を活かし、とてもよいバランスで生きている人たちだなと、その社会構造に改めて感心する。

満月の夜

電気のない暮らしでは、夜の月明かりが頼り。そのため、月の満ち欠けを自然と意識するようになる。真っ暗な新月は空にびっしりと星がはりつき、光のかたまりが模様のように色々な筋《すじ》を描く。真っ白く太い天の川が空の真ん中を彩《いろど》る。

この星空を見上げて、毎晩外に出て歯磨きをするのが、数年のアマゾン通いで日課となった。日中の暑さはすっかり姿をひそめ、涼しい空気に包まれながら、今日も一日暑かったなぁーと、もの思いにふけりながらシャクシャクと歯を磨くのが、何ともぜいたくな時間。

闇に包まれた新月を過ぎると、三日月は日を追うごとにふくらみ、夜も長くなっていく。そして、村人たちも徐々に夜更かしになり、活発に動くようになる。

熱を出してから三日も経つと食欲も出て、めきめきと回復してきた。このとき、村の診療所の看護婦さんたちが、私が熱を出していると聞いて、快く診療所を開放してくれた。そのため、私を気づかってこの日も皆は診療所でご飯を済ませていた。

先住民の各集落には厚生省と州政府で管理されるのだと思うが、診療所が設置してあり、ブラジル人の看護婦さんが最低でも一人は常駐しているのだ。先住民の文化には医者という概念はなく、呪術師が治療を行うのだが、ブラジル政府の政策の一環であり、多くの疑問もあるが、村によっては文化を尊重しながらとても良い形で機能している。

　いつものように日も落ちて家の中が暗くなるころ、一人ろうそくに火をともしてハンモックに揺られていた。するとパウロ氏が研子さんに頼まれて夕ご飯のおかゆを持ってきてくれた。

「はい、病人の食事とバナナ」

「ありがとう…」揺れるハンモックでバランスをとりつつ、体を起こす。器を手に取り、思い出したことがあった。そういえば、私が発熱した日は、満月の手前だった。日本語もだいぶ覚えたパウロ氏に
「ねぇねぇ、外、月きれい？」と尋ねると、彼は答えた。

「すっごくキレイ！」その一言を聞いて、上着を羽織り、おかゆとバナナを手に持って家から出た。明るい！　なんと美しいこと。

　白い光が村を照らし、人の表情から景色の色までわかる。満月の光が円く切り開かれた村の地面をスポットライトで照らしているようだ。

（光が降ってる）

　そういえばここ数日、夜になっても人々の話し声が絶えず聞こえていた。周りを見渡す。ふざけ合いながらキャッキャキャッと笑い歩く少女たち。火を焚《た》いている人。地面に寝転がる子ども

満月の光で輪郭が浮かびあがるジャングル。

たち。皆が思い思いの時間を過ごしている。ふと横を見ると、隣の家のクレモロさん一家が、家の前に出てのんびりしていた。ここでも「お月見」をするんだ！　青みがかった月明かりに照らされて、インディオ一家一人ひとりの輪郭《りんかく》が浮かぶ。

（なんだか絵本の一ページにいるようだな…）

改めて村全体を見渡すと、それぞれの家族が揃ってお月見をしている。ヤシの葉で作ったうちわであおぎながら、低い位置に大きく光る月を見ている。私は宇宙に住んでいるんだ。地球って一つの星なんだ。月の丸さとこの村の円さと、そしてこの星、地球の丸さ。その全てが同じ。一体感！　この感覚って気持ちいい。頭ではなく、体験としてこのことが体にしみ渡った。

私の細胞の一つずつが脈々とつながってきた、

「生きる力」に呼応している感じがした。みんな細胞の塊《かたまり》。生きる力の集合体。私も、インディオも、あなたも同じ生きる力を持った細胞でできている。どんなところに生まれてもそれが大事なんだ。

月がきれい、それだけ。この一体感は無条件に充実した気持ちを与えてくれた。

胸がいっぱいになると、おかゆもバナナも完食しておなかもいっぱいになった。器をスタッフに返して、お礼を言うと、再びハンモックに体を預け眠りについた。

青年ベップトック

彼との初対面のときを覚えていない。二〇〇六年、道路封鎖のために街に戻ってから二転三転の末、空路で再びシングーを目指し、どうにかカポト村に到着できた。研子さん、私、パウロ氏とカメラマンのエドワルド氏の四人だった。エドワルド氏には、翌二〇〇七年に予定していた日本での展示会用に、インディオたちの写真を撮影してもらうことになっていた。村に到着すると、緊迫していたピアラスの雰囲気とは一転して、緩《ゆる》やかな時間の流れる日常があった。

荷物を降ろして、ハンモックを吊っていると、その青年はやって来た。彼の名前はベップトック。「ベップ」と頭につく男の名前はカヤポ族の大精霊、ベップゴロロティに由来するもの。

おそらく二十二、三歳。彼は家に入ってくるなり、

「ガッコー。ワタシハ…」

一瞬耳を疑ったが、日本語を話した。どこで覚えたのかと尋ねると、どうやらその前年に私が教えたらしい。そう言われれば、紙に何か日本語を書いて、と少年に言われた記憶がある。それが彼だったということを覚えていなかった。

「もっともっと、日本語を知りたい」

それから毎日、彼は一冊のノートを抱えて私たちの家にやって来た。周りにはブラジル人かインディオしかいないし、覚えたところで日本語を話す相手もいない。でも、他国の言語に興味を持つのはとてもよくわかる。それから、私のカタコトのポルトガル語で、ベップトックとパイングリの日本語カヤポ語講座が始まった。

インディオの未婚の青年は、個人にもよるが、比較的ブラジル文化に興味を持つ者が多い。そういう青年は、若さ故に吸収も早く、一度街に出ればあっという間にブラジル人のような表情や身振りを披露《ひろう》する。村に戻ればそんな身振りもむなしく、元通りになじんでいってしまうのだが。ベップトックは、外への関心は強くても、ブラジル人のまねをすることもなく、ゆっくりと、インディオなまりのポルトガル語を話していた。毎日少しずつ、彼が単語をポルトガル語でノートに書く。その横に、発音とともに私が日本語を記す。

「アウデイア（ポルトガル語で村）」

「これは日本語で、村だよ。〝MURA〟カヤポ語は？」

「クリンッ」

と言った具合だ。

私がいつも村の子どもたちや風景をカメラやビデオで撮影をしているのを見て、ベップトックが村の裏手にある小高い丘に連れて行ってくれると言った。そこへ行けば村が一望できる。カメラとビデオを持って行こうと言う。重くて面倒と思ったけれど、荷物を分けて持ってくれるというので、裏山へ向かうことになった。

「ビデオを撮っている間、横でカヤポの歌を歌うから」

歩きながら、バクの爪で作った腰ベルト式の楽器を見せた。丘の頂や中腹、途中にあった広場のような草原で、彼は幾つもの歌を歌ってくれた。道路封鎖も含めて物事がうまくいかないことだらけだったが、気持ちのよい風にのって、そんな想いもいっときだが、歌とともに飛んでいくような感じがした。

都会で育った私は、こういう土着的なものにすごく憧《あこが》れがあった。日本でもしばしば田舎町に出かけて、知り合いのお宅に泊めて頂いたりしていた。その土地に根付いて生きている人々は、私にとってはとても魅力的に感じるのだ。

それにしても、ビーチサンダルで来たことを後悔するほど、この丘は急であった。近道なのか、木々をかき分け、砂と砂利でひどく滑り、登るのも一苦労。それでもベップトックはスイスイと登っていく。さすが、日常に勝るものはない。都会はなんて平らなんだろうとつくづく思う。甘やかされて生きてきた。

村に戻るまでに何度か、私が先に根をあげて、一休みをしては、雑談をした。

「結婚しているのか」

彼が聞いた。結婚していて当然に思えるだろう。

「してないよ」

「ふーん」

しばらく沈黙してから、やはり信じられないのか

「でも本当はしているんだろう。子どももいるんじゃないか」また聞いてきた。

「いないよ。日本ではね、私の友だちは結婚して子どもがいる子もたくさんいるけど、同じくらいの年齢で、私みたいに結婚していない人もいるんだよ」

「ふーん」

インディオで二十六歳の女性なら、子どもが五～六人いてもおかしくない。彼にはちょっと理解不能、といったところだろうか。森での暮らしは家族を作っていかないと、生活に不便も

出る。家族を増やしていくことは生きていく上で、とても大事なのだ。一方で、私たちのライフスタイルでは、結婚が彼らに比べれば、必要に迫られるわけではない。ベップトックはそれ以上聞いてこなかったが、よくわかんないし、別にいいや、と言った感じ。

このような当たり前の会話。今でこそインディオに受け入れられているが、これも研子さんが二十年以上に渡り、丁寧《ていねい》に彼らと向きあって築いてきた信頼関係の賜物《たまもの》だ。初めて村に入って、食べ物をわけてもらえなかったこと、嫌がらせをされたことも多々あったと聞いた。

彼らは過去にあまりにも騙《だま》され、約束を破られ、土足でジャングルを踏み荒らされてきた。インディオたちに対する悲しい過去が、彼らをそういう行為に導いていたのだ。今こうしてベップトックと会話をしたり、カヤポ語を教えてもらえるのも、信頼関係が築かれてきた道筋の上にあることなのだ。

村へと戻りながら、私の理解が正しければ、彼はこう言った。

「もし自分が一から村を作れるなら、小さくていい。洋服も着ない、昔のままの暮らしをするような村にしたい」

何だかんだ言っても若いうちは古いものの良さが見えないことが多く、ベップトックも外に関心がいっていると思ったので、若い彼のこの発言は意外で嬉《うれ》しく感じた。

丘を下りきると村が見えて来た。草むらを歩きながら、今度は私が言った。

「この村は本当にきれいでいいところだよね〜。快適だし、気持ちいい」すると、今度は彼が答えた。

「でもここには、レストランも、お店も、何もないんだよ」

さっきとは正反対の発言だ。なんだやっぱり違うのか、とちょっと残念に思った。町に出たら、村がそう思えるのも無理はない。きっと私がここで生まれ育ったらそう思うかもしれない。

町に出た途端、全てがあるジャングルは、何もないところに変わる。都会に生まれた者として、何でも自由に叶《かな》えられて良いけれど、便利でもどこか窮屈《きゅうくつ》なところも含め、色んな角度から十分承知しているつもりだ。だからこそ、インディオの村の良さが、私には浮かび上がってくる。もちろん都会育ちの人全てがそう感じるとは限らないだろう。私がインディオを、ジャングルを好きだからこそ、より強くそう思うのだ。

「そうだね、でも、ここにはジャングルときれいな小川とたくさんの生き物、食べ物、精霊、それと満天の星空があるじゃない！」それからもう一度考えて、付け加えた。

「確かに、町にはレストランも店も何もある。でも、美しい川はないし、第一〝心〟がないよ。ここにはここにしかない〝心〟がある」

もちろん、町にも心はある。ただ、私のポルトガル語の語彙《ごい》が少ないので、心という表現で全てを凝縮《ぎょうしゅく》することしかできなかった。人間という動物がこの肉体機能を使って、この星に

丘の上からカポト村を一望する。

生きる法則をインディオは、熟知している。その世界を育むのが、美しく、ときには脅威《きょうい》ともなるジャングル、自然なのだ。

私の言ったことのうち、どれくらいが彼に伝わったかはわからない。彼が忘れてしまっても私はいいと思っているが、ベップトックが残したいくつかの言葉は、私に何かを気づかせてくれた。私が都会に暮らしていて迷いや悩みを抱えるように、変化のときを迎えているベップトックたち、インディオの若者たちも、どう生きていくか迷いを抱えているのだ。

そんなことを考えていたら、私たちの家に着いた。まだ時間があったので、いくつかまた日本語を教えた。撮ってきた写真を見ると、丘から望むカポトの村は相変わらず美しかった。

カヤポ語と日本語の不思議なつながり

こうして日本語を教えていると、面白いことにカヤポ語と日本語では同じような言葉で意味の違う単語がいくつかある。例えば「手」。カヤポ語では「テ」は足。

それから、白のことを「アカ」という。これもあべこべ。「これは白！」「違う、アカ」「赤はこっち！」と、しばらく遊べる。あるとき、私が「くだもの」というといきなり「ヒャー」と赤面して、ベップトックとその友だちが照れ笑いをしだした。なぜだか大ウケしている。どうやら「クバモノ」というのが、男女の夜のことに関係するらしい。喜んで「クダモノ…クバモノ…ヒャーッ」と男の子たちは大喜び。

そして、数字。本来、彼らは年齢を数えない。女性の成人は初めての生理で、男性は、個人差があるが、年齢でいえば大体十〜十三歳くらい。それでも、最近はブラジル政府に戸籍のような類《たぐい》を提出するので、二十代以下くらいの子らは自分の年齢を数えている場合もある。

そもそも、彼らの数字の数え方は十進法じゃない。二進法、あるいは三進法になるのだろうか。数字の一＝プージ。二＝アマインクル。三＝アマインクル・ネ・ケーケ。四＝アマインクル・アマインクル。つまり、四になると「二と二」となる。五はアマイクンクル・アマインクル・ネ・ケーケ。「一と三」。大体数えられるのは七くらいで限界だろう。アマインクル・アマインクル・アマインクル・プージ。これ以上は「チーレ」つまり「たくさん」になる。

確かに、森での暮らしに厳密な数字はいらないかもしれない。年齢に関しても、ブラジル人が数えているから、何となくまねしている程度に過ぎない。ベップトックも初めて会った二〇〇六年に「二十一歳」と言っていた。その二年後に会っても「二十一歳」と言っていたくらいなので、本当の年齢はよくわからない。

次の日から、あれだけ毎日来ていたベップトックはぱったりと来なくなった。毎日来ていると、疲れることもあったが、いざ来なくなるとちょっと拍子抜け。どうやらおじいさんが診察のため町に出るので一緒に飛行機に乗ったらしい。

インディオの別れはとってもあっさりしている。むしろ、素っ気ない。これはカヤポ族のみならず、他部族にも共通する。初めは見送りもなく「ツレないな」と思ったが、今となってはこのアッサリ別れがなかなかよい。気楽だし、涙の別れもないし、逆にまた来るんだからと、前向きに次に進んでいける。

別れがあまり大きな出来事でないので「後で」と約束すると、このように突然いなくなってしまうこともあるので、用事がある人は早めにつかまえて事を済ませなければならない。

インディオはつくづく、とことん「今」の人々なのだ。ベップトックも年ごとに訪れて親しくなると、彼が移動するときはちゃんと家に来て「サヨナラ」と言って行くようになった。それでも、決して「明日行く」などと事前には言わず、出発のときはいつも突然なのだ。

そんなベップトックとも、二〇〇八年以来、会っていない。私はベップトックのお陰で、カヤポ語を教えてもらったので、少ない語彙《ごい》ながら、カヤポの村でコミュニケーションにとても助かっている。ベップトックは日本語、覚えているだろうか。

不思議なできごと

カポト村でのある晩、いつものようにハンモックで眠っていると、背中の辺りからバーンッと何かにたたかれて起きた。振動で目が覚めたので、夢とうつつの間をさまよい、不思議に思っていた。真夜中だ。すると、なんだか人の気配を感じる。真っ暗だが、テーブルや荷物の位置くらいは月明かりで何となくわかる。ふと横を見る。

すると、なんと！　インディオのおじいさんが立っているではないか。カヤポ族の羽飾りをつけて、下唇にはラオーニのようにお皿が入っている、カヤポのおじいさん。半分寝ぼけていることもあり、こう思った。村には一人、カヤポ族特有の習慣である、ひときわ大きなお皿を下唇に入れているおじいさんがいた。おじいさんはいつも杖をついて村中を歩いていた。目が合うとニカッっと笑う。大きな唇のお皿が引力で下に引っぱられ、グラグラと揺れる。

（あのおじいさんたら、夜中に徘徊《はいかい》しているのかしら…。間違えて入ってきちゃったのかな…）

そう思いつつも、この家には鍵《かぎ》がかかっていることも寝ぼけまなこながら、気づいてきた。鍵と言っても外開きのドアを閉めて、内側から十センチくらいの木片を倒してかませただけのものだ。ドアにはノブもないし、外からは絶対に入れない。

（うぅ～ん。おかしい…。でも、ここにおじいさんがいる）チラリと見る。やっぱり立っている。どこを見るとでもなく、家の中を見渡しているような…。

今までにない体験に戸惑い、確認の意味も含めて研子さんを起こした。

「ねぇねぇ（ハンモックをつつく）なんかおじいさん入ってきちゃったみたいだよ。ほら、そこに立っているよ」

なぜか研子さんは起きていた。そして、すぐに返事をした。

「なに？　大丈夫だよ、誰もいないよ、ほら、懐中電灯で照らすから」

研子さんがパッとおじいさんのいる方へ明かりを照らす。すると…誰もいない。壁しかない。おかしい。さっきは絶対におじいさんが立っていた。

「あれ、いない…。そうかぁ、ごめん…私夢見てたんだよね。起こしてごめんね」

研子さんが懐中電灯を消した。家の中は再び暗闇に包まれた。すると、やはりおじいさんは同じところに絶対に立っている。

（いる…。これは夢ではない）さっきは夢を見ていたと自分に言い聞かせたけれど、夢じゃないことは明らかで、明かりを照らしたらおじいさんは消えていた。しかし今、再びおじいさんはそこにいる。とっても怖くなってきた。

「やっぱりいるよ…。（沈黙）怖いよぉ～」私は泣き出してしまった。さすがにそれを見かねた研子さん、ろうそくに火をつけ、一緒に外へ用を足しに出て、気分をかえた。ハンモックに振動があった時点で研子さんは気づいていたという。

家に戻り寝袋に入ると、ろうそくの明かりの中、おじいさんはもういなかった。不思議な気配だけが漂《ただよ》う中、風もないのにろうそくの影がゆらゆら揺れていた。今まで不思議なものが見えるのは、特別ですごいものというイメージがあった。しかし、正直なところこの一件以来、霊感が強くなくてよかったと思った。色々見える方は気苦労も多くて大変だ。どちらにしろ、ジャングルにいるうちに不思議という概念はくつがえされていくのだが。

祭りになれば一晩中火を焚《た》いて歌を歌い、踊る。満月はびっくりするくらい明るくて、新月の晴れの日は夢みたいに満天の星空。薪《まき》と清流からの水で炊《た》くご飯はすこぶる美味しいし、ハンモックで毎日熟睡する。子どもたちの目はキラキラしていて、老人もピンピンしている。そして、この生活の一環として、インディオは当たり前に精霊や死者と会話をする。彼らにとってはどれも同じことなのだ。

そもそも大自然というものこそ、三次元ではおさまるものではないのだろう。日本に鎮守《ちんじゅ》の杜《もり》や、神社やお寺があることと同じだ。

インディオの暮らしは、見えるもの、見えないもの、全てごちゃまぜになっている。精霊に捧《ささ》げる歌を歌い、大きな笛を吹いてトランス状態になりながら家々を回る男たちの脇では、おばあさんがマンジョーカをすっていたり、犬は用を足していたり…。見える見えないは判断の基準ではないのかもしれない。

友人や出会う人々に「アマゾンなんてよく行くね」と言われる。過酷な自然環境や長い移動、虫、原始的な暮らし…。私にとってこれらが苦ではないのは、それ以上にジャングルが魅《み》せる美しい風景と、インディオたちの世界観が私を惹《ひ》きつけてやまないからだ。

何がいいって、全てが当たり前であること。素っ裸の自分でいられること。とらわれるものが少ないこと。生きているだけでいいこと。挙げればキリがない。こうしてジャングルに行くようになって、世の中に私のモノなんて体以外何もないと思うようになった。そして、その概念は私から執着を消し、身も心もとても軽くしてくれるようになった。

ジャングルの自然とインディオの人々、そしてその対極にある開発の深刻さ。どちらの事実も私たちの耳にはなかなか入ってこなかった。けれど、私たち文明社会の暮らしに密接に関わることだ。縁あってその両方を見た者として、私はそれを伝えていきたいと思っている。そして、私たちはこの両方の事実と向き合い、今一度生きていく方法について考えなければならない。少なくとも、私たちのせいで子どもたちが何かを背負って生きていかなくてはいけないなんてこと、あってはならない。

二〇〇八年はジャングルと街を二往復したことになる、とんでもなく大変な視察だった。しかし、ラオーニと来年の来日を約束し、展示のために撮影を行うこともできた。ベップトックという友だちもできた。

カポト族の夜に現れたおじいさんは、カヤポ族の精霊だったのだろう。ホンカドール山の神様が、もう一度私たちがジャングルを訪れるからと、カヤポの精霊に言付《ことづ》けしてくれたのかもしれない。そして「どんなやつらだ?」とちょっと見に来たのかもしれない。ちゃんとご挨拶もできず、泣いてしまって残念だが、また不意をついていらして頂いても、私はご挨拶、できるだろうか…。

第3章
インディオ長老、ラオーニ来日

ラオーニがやってきた！

ラオーニが日本にやって来た。アマゾン、シングー川のほとりにあるメトゥティレ村からボートや小型飛行機、車、バス、国内線を乗り継ぎ、途中の町に滞在しながら一週間ほどかけてサンパウロへ。そこからさらにフランス経由でぐるりと地球を半周し、成田まで。

駅で新幹線を待つラオーニ

一九八九年、スティングと「アマゾンを守ろう」世界ツアーで来日して以来、十八年ぶりとなる日本は、推定九十歳となったラオーニの目にどのように映ったのだろうか。

研子さんと私はすでにラオーニの来日ツアースタート地であり、ＲＦＪの支部がある広島に入り、ＲＦＪひろしまの代表松岡さんを始めとするスタッフたちとともに、講演会や展示の準備に追われていた。

成田までのお迎えには、緊急助っ人を快く引き受けてくれ私たちの友人がドライバーとなり、当時のスタッフきよさん、ラオーニの通訳となるフリーライターの下郷さとみさんの三人が行った。成田に着いたラオーニとスタッフのパウロ氏と合流すると、そのまますぐに広島へ向かうべく品川駅へ車で移動。

品川からおよそ四時間半、新幹線が西へ向かっているころ、広島では誰もがラオーニに会えると胸を高鳴らせていた。すっかり日も暮れて、人気のない広島駅のホームにやたらソワソワした集団が、彼の到着を待ちわびていた。駅構内にアナウンスが流れ、遠くに新幹線のヘッドライトが見えて来た。

「あ、あれだ！　来た‼」

車両番号を聞いていたので後方で待ち構えていたら、前方から降りて来た。

「こっちこっち！」集団がざぁ～と流れる。私は必死でビデオを回す。

相変わらず大きく、分厚い体のラオーニは、約三十時間の飛行機と四時間半の新幹線の移動をしてきたとは思えないほど、ピンと背筋を張って降りて来た。研子さんと抱き合って一年ぶりの再会を喜び合った。

一年前の二〇〇六年から、広島支部のスタッフは大いに盛り上がり、ラオーニと研子さんの出会いの話を聞いて、じゃがいもやさつまいもを植えたりするところから準備が始まっていた。

今回ラオーニと私たちスタッフが寝泊まりすることになったのは、広島市内にあるアステールプラザ。地階に展示と講演会もできる大きなホールやスペースが揃っており、上には宿泊施設が備わっている。宿泊階にはこぢんまりとした厨房と食堂のスペースもあり、スタッフのすーさんたちが炊《た》き出しをしてくれた。ラオーニが来る前日には大量のバナナや野菜、尾頭付き鯛まで搬入された。

誰もが「本当に来てくれんのじゃろか」と思っていただろう。

二〇〇六年にラオーニの村へ行ったとき、研子さんが

「来年は日本に来てね。たくさんの人が待っているよ」

というとラオーニは

「アルバックマ。アジュマ・カマママ（わかった。待っていて）」

と笑みを浮かべて言った。

ラオーニはブラジル・インディオの偉大な長老であり呪術師。何か出来事が起きれば、真っ先に彼が動く。百パーセント来日できるという確信は着くその日までない。研子さんもそういう状況をひろしまスタッフに念を押していたものの、一番気が気ではないのは本人だったに違いない。

そんなやりとりから、あっという間に一年。はるか遠く、地球の裏側のジャングルから、森のエネルギーをいっぱいに引き連れて、ラオーニは広島の地を踏んだ。

数か月前から展示のアートディレクターである川村忠晴さんらも東京から広島入りして、とにかく全員が準備に走り回っていた。しかし、ラオーニの到着により、みんなの疲れも楽しみへと変わり、何かが始まった感じがした。

アステールプラザに着くと、厨房《ちゅうぼう》では料理隊が忙しくまかないの仕度をしていた。ラオーニの部屋は厨房の横にある大広間。お腹がすいてもここなら数歩で食堂へ行ける。

食堂では、その日の仕事を終えたスタッフ数名がご飯を食べていた。この日の献立は大きな鍋いっぱいのカレー。ラオーニはそれをちらりと見るなり
「これを食べる」という。

「ちょっと辛いよ?」と研子さんが言うと
「唐辛子なんて、村にもある」と答える。カレーの香りにすっかり食欲をそそられてしまったようだ。テーブルの上では尾頭付きの鯛が丸ごと美しく焼かれ、用意されていた。しかし、それには目もくれず、カレーを食べ始めるラオーニ。すっかりカレーにハマり、その翌朝も昼も夜も、その次の日も合計七食くらいずっと食べ続けていた。

「一番の問題は食べるもの!　それから寝るところ!　講演は二の次だから」

このセリフを連発した研子さん。しっかりみんなにも刷り込まれていたので、バナナだ魚だじゃがいもだと山ほど用意した。しかし、その全てが初日のカレーで解決してしまったのだ。

「バナナもイモも村に帰ったらたくさんある」ということで、日に日に黒くなっていくバナナたちが、毎日食堂のテーブルに並んでいた。それにしてもラオーニは、どこに行っても日本食を驚くほど何でもよく食べた。

初日の講演は、広島修道大学で行われた。来日の翌日とは思えないほど、ハッキリと的確にメッセージを伝えるラオーニ。ブラジルから帰国すると、一週間ほどは時差ぼけで意識がもうろうとして使いものにならない自分が恥ずかしい。

学生がパネルディスカッションで、日本もアマゾンのジャングルを切り開き、大豆などを植えていることについて、敵意を持ったことはないのかと尋ねると、ラオーニが答えた。

「怒りや敵意などはない。日本は我々の兄弟の国だ。しかし、森をそんなに壊してまで本当にそれほどの大豆が必要なのか、疑問に思う」

この一言は私の胸に残った。ラオーニの言う通り、本当はそんなにいらないのだ。年間の食物の輸入量と廃棄量を比較したら一目瞭然《りょうぜん》だろう。しかし、これが私たちの社会の仕組みなのだ。

カヤポ語を話せる人材がいないので、ラオーニはポルトガル語で話し、それを通訳のさとみさんが日本語に訳した。ラオーニのポルトガル語はシンプルながら、カヤポ語のなまりもあるので、初めの頃はさとみさんも聞き取るのに難儀したようだが、二日目にはすっかり慣れていた。さすがだ。

彼の意思をくみとりつつ、ラオーニの言葉を忠実に訳して下さった。ラオーニもさとみさんに「イネカロン」とカヤポの名をつけ、いつでもどこでも何かあれば「イネカロン！」と呼び、そばから離さなかった。

安芸《あき》の宮島

カヤポ語で伝説を披露したり、ボディペインティングのワークショップをしたり、お神楽《かぐら》を見学したりと毎日イベントづくめ。そんな中、宿泊していたアステールプラザの目の前にある太田川の船着き場から、宮島行きのフェリーが出ているので、一日をかけてみんなでお参りに行った。気持ちの良い風を受け、しばらく船に揺られてから、桟橋を渡り島に入ると早速鹿たちの歓迎を受けた。キョロキョロして
「弓と槍《やり》はないのか？　若いインディオがいればすぐに捕まえるのに…」
冗談めいたことを言いつつ、半分本気のラオーニ。危うく鹿狩りをしてニュースに出てしまうところだ。
狩りができないとわかったら、鹿の一頭ずつに「モイナイジュクテ（名前は？）」と尋ねて

いた。ちゃんとカヤポ語で答えてくるという。

まずは一つ目の「精霊の家」、厳島《いつくしま》神社へ。神社ではさとみさんに教わりながらお参りをし、じっと神殿を見つめる。ラオーニの頭についた黄色い羽飾りが厳島神社の赤い建物と妙に似合っていた。

続いてお山の上にある大聖院へ。見上げるとダダダーと長い階段が続いている。何となく、みんな一歩を踏み出そうか渋っていると、躊躇《ちゅうちょ》することなく階段を昇り始めるラオーニ。トントントン…。後ろから彼のペースに着いて行くのに精一杯。周りの人々をどんどん引き離していく。すごい！　健脚とはこのことだ。最後の一段を上がりきると鼻から大きく「ふんっ」とひと呼吸。そこでもう呼吸を整えて肩で息をすることもなく境内《けいだい》に入って行った。

大聖院に着くと、座主の吉田さんが迎えて下さった。ダライラマが前年に開眼した仏像様や砂絵マンダラなどを見せて頂いたが、カヤポの精霊とつながるものも多くあるようだった。

お昼をごちそうになり、ご本尊へのご挨拶も終えて出ると、建物の外に大量な小バエのような小さな虫が急に集まり、塊《かたまり》を作って飛んでいる。それもけっこうな大きさで、まるで小さな雲のようだ。不思議に思い見ていると、そのうちフワァーと散っていなくなってしまった。吉田さんもあんなものが現れたのは初めてとおっしゃる。

「精霊が歓迎してくれたね」とラオーニの一言でみんなが納得した。

背後にそびえる宮島のお山を見ながら
「ここは白い大きなフクロウの精霊が守っている」と言った。厳島《いつくしま》神社とこの大聖院には昨晩、精霊が案内してくれたから全部知っていたというラオーニ。（あら、二度目だったの…）それにしても見事な快晴の日だった。別れ際に大きく手を広げて、自ら吉田さんと別れのあいさつをした。いつもさっぱりしているラオーニから、こういうことをするのは珍しい。吉田さんの人柄を言葉なくとも見ていたのだろう。
「メイクムレン（カヤポ語でありがとうなど、良いこと全て）」とても気に入ったようだった。
原爆資料館にも出向いた。一つひとつ、ゆっくり見ていた。平和記念公園でラオーニが献花を捧げたとき、今まで一度も見たことのないような、悲しい表情をしていた。ホテルへ歩きながら
「昨日の夜たくさんの御霊《みたま》が私のところにやってきた。みな、悲しそうだった。一人ずつに大丈夫だと話すと、軽い表情になって消えて行った」と言った。
それから、宮島に行くフェリーで
「太田川が悲しんでいる。精霊が言う、水が汚されている、水を汚してはならない、水を大切にせよと、だからこの町の者たちに伝えてくれ。この川を大切するように」
どこにいても精霊がラオーニに話しかけ、私たちへのメッセージとなり伝わった。

ラオーニと行動していてすごいと思うのは、ものすごく「普通」なことだ。一見簡単なようでどこでも普通というのはなかなか難しい。偉ぶることも、腰を低くすることもなく、どこにいても肩に力は入らず、ラオーニはラオーニのまま。もちろん、ジャングルにいるときは一番イキイキしているし、抗議行動などで怒りを表すこともある。けれども、日本でも、ブラジルでも、大統領に会っていても、私たちといても、ラオーニは同じ。常に平常心で冗談などを言う余裕があり、明るさの裏に揺るぎない強さを感じる。世界を見渡せば偉大な人ほど「普通」なのかもしれない。

古い精霊のたくさんいるところ

広島滞在も束の間、奈良へ移動する日がやってきた。広島駅のホームで手を振っているひろしまスタッフに、ラオーニも車両の中からずっと手を振り返していた。

在来線に乗り換えると、修学旅行シーズンで駅はどこもごった返していた。ようやく奈良に着くと、そのまま午後は講演会だが、会場に行ってしまっては昼食がないという。すぐに駅近くのレストランを探して入ると、ラオーニの大好きな親子丼がメニューにあるので、早速それを注文。間もなく、目の前にほかほかの親子丼がやって来た。一口食べて突然、

「アァーイクムレン！（うま～い！）」と大声で叫んだ。一言も言わなかったけれど、よほどお腹がすいていたのだろう。レストラン中にラオーニの声が響き渡る。お客さんたちはびっくりしてこちらへ振り返る。見ると下唇にお皿がはまっている。誰もがさらにもう一度びっくりするのだった。当の本人はとってもご機嫌。こういうときはそのまんま、まるで子どもみたいだ。

それから、ラオーニは女の子が大好き。さとみさんをしっかりと側近のように隣において、会場にいる女の子を見て「パイングリ、さっきいたあの女の子を連れて来て」という。周りを見渡し「あの子だっけ？」というと「いや、違う」と答える。ちゃんと見てないようで見ているのだ。会場の外からこの子かな？ という女性を呼んで来たら「そうそう」と喜んで肩を寄せていた。これもラオーニの元気の源の一つだ。

奈良では大仏様にご挨拶してから、春日山原始林を散策し、春日大社にお参りに行った。境内にある大きな杉を背に寄りかかり、ご神木とラオーニが一つになったみたいだった。奈良についても特に何も説明をしていなかったのだが、

「ここはとても古い土地だ。古い精霊がたくさんいる。今日行った森にある木々は昔、人だったけれど精霊になった木がたくさんあった」と言っていた。歩きながら、精霊たちと対話をしていたようだ。

東京へ

広島、奈良での滞在を終えて、東京に戻ってからすぐに外国人記者クラブでの会見と、講演会が三つほど予定されていた。来日前から各新聞社やメディアにはプレスリリースを送付していたので、記者たちが集まった。そして、ラオーニは十八年前と全く同じようにアマゾンの森の現状を訴えた。

ラオーニの言うことは変わらない。アマゾンの状況は、私たち先進国の人間たちによって悪化の一途を辿《たど》っている。あまり深刻なことばかり突きつけ、脅《おど》すつもりはないけれど、今、アマゾンの森林破壊のスピードは半端ではない。一人の人間として、あの状況を見て直感的にヤバいと私は思っている。それなのに…。

メディアの反応は思ったより薄かった。十八年前だって、みんなが注目したのはアマゾンの問題ではなく、スティングだったのだ。そんな小さなことに腹を立てる私の横で、ラオーニは現状を訴え、メッセージを伝え続けている。それも、同じことを世界中で、何度も、何度も。

ブラジルのインディオたちはポルトガル人の入植以来、ひどく悲しい歴史を経験し続けている。淡々と人々に語りかけるラオーニの姿は、怒りや憤りを超越し、そういうものから何も生まれないことは、彼がすでに怒りや憤りの極限にまで達したからこそ、わかるのかもしれないと思った。

メディアも大切だが、ラオーニに会うことにより、何かを受け取った一般の方もたくさんいる。そういうところに種をまき、育ててもらうことも大切なのだと私は考えるようになった。

東京での宿泊先を検討していたところ、兄の友人が事務所の近くにあるホテルを教えてくれた。古い建物だが部屋が広く、数ヶ月前に下見に行ってすぐに予約をした。

ラオーニはとにかく朝からしっかりよく食べる。しかしスタッフが出払って、どうしてもご飯を用意できない日が何日かあった。そんなとき、事務所とホテルのちょうど中間に住んでいる私の友人姉妹に手伝えるかと聞いてみると、彼女たちは快諾してくれた。

今となっては数少ないＲＦＪ本部スタッフになっている二人なのだが、当時はさすがに炊き出しを頼むのは悪い…と思いつつも、予定では一、二回のはずが、ご飯を届けてくれるごとに、どんどん手伝ってもらうこととなり、結局彼女たちのお母様にも協力頂いて、半分以上用意してもらった。

ラオーニもこの姉妹をとっても気に入って、毎日楽しみに待っていた。特に妹の麻奈ちゃんは、真っ黒の長い髪にもち肌、いかにもインディオに好かれそうなタイプ。案の定、ラオーニが東京に着くなり大のお気に入りになり、麻奈ちゃんを「ヤッピ」と名付けていつも隣に座らせていた。村に「ヤッピ」という名の彼女に似た少女がいるという。メガロンの娘が「カナ」というので、姉の香苗ちゃんはそれがあだ名になった。カナカナとヤッピ、ラオーニが引き込んだこの姉妹、今ではＲＦＪ本部スタッフとして、欠かせない人材となっている。

お寺での講演会

二〇〇七年にラオーニを日本に呼ぶと決まって以来、研子さんはずっと「お寺で講演会をしたい」というイメージを持っていた。東京にそういうことをしてくれそうなお寺のツテもないし、しばらく会場探しなどもしたが、なかなか見つからなかった。そんなとき、都内での講演会にいらして下さった方が、知人にお寺の人がいるので紹介したいと申し出て下さった。

早速お寺に出向き紹介してもらった。話がトントンと進み、当時副住職だった保芦《ほあし》さんはラオーニをお寺に招くことを喜んで受け入れて下さった。

お寺の講演会は、会員の方を中心に、ラオーニに会いたい人々で、あっという間に定員いっぱいになった。当日は他のお寺からも十名以上の住職さんが協力して下さり、会は本堂でのお経から始まった。

お堂に響き渡る、空気を震わせるようなお経により、ドタバタと準備に追われ頭がいっぱいだった私も、その瞬間にピタッと一つにまとめられた。とにかく、ものすごい迫力だった。ラオーニはいすに座り両手を膝の上に乗せて少し広げ、手を震わせていた。たくさんの精霊がお経とともに彼の元に集まって来たのだろう。

お経が終わると、研子さんがアマゾンの講演をして、続いてラオーニもいつも通り森からのメッセージを代弁し、休憩をはさんで地下の部屋へ移動した。休憩中、気づけばラオーニの前に列ができて一人ずつ握手をしたり、ハグをしたりする時間になった。写真を一切禁じた分、誰もが今のラオーニを全身で感じ、エネルギーをもらおうという雰囲気がとてもよかった。

第二幕はラオーニがカヤポの大精霊、ベップゴロロティの伝説を話した。それから、ＲＦＪの支援者である歌手のＵＡ《うーあ》さんがアカペラで奄美の島唄や彼女の歌を披露して下さり、内容が充実しながらもゆったりとした会となった。私の家族も全員来てくれた。

長野県、軽井沢の森へ

ラオーニの来日の記録を、成田到着から作家の戸井十月《といじゅうがつ》さんが、カメラクルーを引き連れて密着取材して下さっていた。二〇〇七年秋にフジテレビのＮＯＮＦＩＸという一時間のドキュメンタリー番組にまとめられた。

お寺での講演会を終えると、そのまま戸井さんのカメラクルーとラオーニ、さとみさん、他数名のスタッフだけで二台の車に乗り込み、軽井沢へ向かった。休養として数日間、ラオーニに静かな森でゆっくりしてもらおうという計画だったのだ。

軽井沢では、バーベキューをしながらみんなで火を囲んだ。ラオーニも久々に火を焚《た》いて嬉しそうにしていた。村にいるときのように、穏やかで明るかった。

何せ日記をつける暇もなくひたすらバタバタしていたので、実はラオーニの来日をここまで詳細に思い出すのにとても苦労している。通訳のさとみさんが精霊の話と浅間山に行った際のことをご自身のブログに以下のように記していた。

・精霊の話

ラオーニ「昔むかしは、こうして不思議なことが起きたものだ。いまはそんなことも遠い昔。人々は不思議なことを見なくなった。なぜだろうね。わからない」

さとみ「精霊はどこかへ去ってしまったの？　精霊も死んでしまうのですか」そう尋ねると、微笑んで言った。

ラオーニ「精霊は死ぬことはない。最後は風になって、いつもこの空にそよいでいるよ」

・浅間山

火山も地震もない国に住むラオーニに、これは火を噴き大地を揺るがす山だ、という話を一生懸命説明。破壊をもたらすが、同時に恩恵も与えてくれる、と。

「この山の精霊にはとても強い力がある」

「ここに私は来たことがある。ああそうだ。この山の精霊に呼ばれて、宙を飛んでやって来たのだった。はっきりと思い出したよ」

「ここは精霊に満ちている。よろしい、よろしい…」

ラオーニは浅間山にすっかり魅せられて満足そうなようすだった。

(下郷さとみさんのブログ「百一姓 blog」http://hyakuishou.exblog.jp/ より)

子どもたちへ

話しは少し前後するが、お寺の講演会ができるかと初めて保芦《ほあし》さんを訪ねたとき、会話の流れで、私と保芦《ほあし》さんのお子さんは同じ小学校、つまり私は先輩ということがわかった。私の母校で美術を担当なさっている塩野先生は、私よりもずっと古くからＲＦＪ会員であり、一九九五年にメイナク族のカマラが来日したときも、イベントに参加して下さっていた。

保芦《ほあし》さんとの話から思い立って、それからすぐに母校の塩野先生を訪ねた。ラオーニが来日するので、どうにか学校で講演会をできないかと聞いてみると、塩野先生はすぐに日程を調べて校長室へ。来日まで一ヶ月ほどしかないというのに、当時の竹下校長先生も快諾して下さり、即日に母校での講演会が実現できることとなった。

振り返れば、ラオーニの来日に向けて人がつながり、ものごとが決められ、まるで必然的にラオーニが来るために状況が作られていったようだった。

二〇〇七年六月五日。軽井沢で十分に森のエネルギーを吸収して来たラオーニは、小学校に着いて子どもたちを見ると、笑みをたくさん浮かべた。子どもたちはラオーニを見るなり、

「アマゾンの人が来たよぉ～～～～」と叫んだ。

ばぁっと授業を終えた子どもが、ラオーニの周りを囲んだ。

「わぁ～～口のところすご～い」

ニコニコしながら一人ひとりを見つめ、抱きしめるラオーニ。

母校ということもあり、最初の講演は私がさせて頂いた。アマゾンの講演は、主に開発とインディオの暮らしを説明するのだが、情報量も多く、内容も複雑だ。

「ほら、写真で見る人たちは裸だよね。でも、それはおかしいことじゃない。こうして違う文化を持って生きている人もいるんだよ。それを違うからといって、変だと思わず、知ることが

大切なんだ」

「みんなが毎日食べているもの、今いる学校の建物、どうやって、どこから来たか考えたことがあるかな。インディオの人たちは、自分たちの食べもの、お家、全部森からもらって生活している。私たちも同じ、知らないだけで、食べものも、建物のコンクリートも誰かが運んできてくれているんだよ。でも、それが人を悲しませて、自然を壊してできたものかもしれない」

私自身もアマゾンに行くまでは知らず、考えてもいなかったことだ。なるべくシンプルにわかりやすく、ゆっくり話すと、子どもたちは一生懸命聞いてくれた。

今の子どもたちは直感的に、地球の問題をすぐにわかっていると感じる。後輩である子どもたちに、私の経験を共有してもらえてとても嬉しく思った。

ラオーニがこのとき、大声で歌を歌い出し、最後に入った雄叫びは、講堂中に響き渡った。自ら率先して歌ったのは初めてだった。子どもは未来への宝。ラオーニを始めとするインディオたちは子どもをとても大切にし、尊重する。研子さんが十年ほど前、インディオの集落で、子どもを自由に育てているインディオのお母さんに、子どものことが気にならないか尋ねると、

「子どもたちは生まれてきたら、どう生きるかは本人が決めることです。私は森で生きていくための掟《おきて》を教えるだけです」と言ったという。

まだ結婚も出産もしていない私が言うのもはばかれるが、親の期待を押し付けず、これだけ

子どもの自主性を重んじられる家庭は意外と少ないのではないだろうか。インディオの社会と比べると、便利に自由に生きていける社会のつもりが、お金を稼いで生きていくことにがんじがらめで、生き方の選択肢はとても少ないのが今の日本の現状のように思えてならない。

日本でたくさんの子どもたちに会えて、たくさんの笑顔を見せたラオーニ。最後に生徒たちがお返しに合唱をしてくれたとき、なんだか涙が出てしまった。この子たちに、この地球をちゃんと手渡していきたいと強く感じた。

ラオーニが残してくれたもの

ラオーニとの日本ツアーには、いつでも精霊がいた。もちろん、ラオーニがアマゾンに帰った今でも精霊はいる。見えているのかと言われたら私には見えない。でも、これは見える見えないで区別することではなく、その先に感じるべきものがあるのだ。

「日本にはたくさん精霊がいる」ラオーニはそういう言葉を多く残したけれども、それはつまり、その精霊から何かを学び受け、三次元の世界で実際に行動することが大事だというところまでつながっていくのだと私は思う。

「アマゾンに誰が暮らしていて、誰がアマゾンを守っているか知っているか？　我々はジャングルがなくなれば滅びる。しかし、お前たちの世界も滅びることを忘れてはならない」

「精霊」——自然と人間のきずなのある世界の人だからこそ、偏《かたよ》りなく言える言葉。精霊がいて、この世界がある。その逆も同じ。

「私は村に戻ったら、日本のことを話す。だから君たちも、私と出会ったこと、インディオのことを日本の人に話してくれ。日本は我々と同じ家族の国なのだから。日本にもたくさんの精霊がいる。大いなる精霊は何でも知っている。私たちの行いをいつも見つめている。精霊の教えをよく聞き、毎日よく働き、そして教えを語り伝えなさい」(前述下郷さん同ブログより)

ラオーニは、日本とアマゾンを、そして人々を精霊とつなげてくれた。一日が当たり前のように過ぎるのも、当たり前でそうじゃない。大いなる精霊はいつも私の、あなたのところにいる。だからこそ、体を動かして着実に過ごす。やっぱりラオーニはどこまでも普通で偉大だ。

「アマゾンの侍たち×岡本太郎」

私がRFJと出会う十年前の一九九五年九月からおよそ一か月間、アマゾンの工芸品やインディオの絵を通して彼らの文化を紹介する「MESSAGE FROM AMAZON」展が千代田区の飛島《とびしま》建設内にあるプティ・ミュゼで開催された。メイナク族のカマラを日本へ招き、ボディペイントなどのワークショップも行われ、大変好評だったという。後にカマラに会ったとき、日本での楽しかった思い出を話してくれた。

二〇〇七年六月、ラオーニがブラジルに帰国してから間もなく、神奈川県川崎市にある岡本太郎美術館での展示の準備が始まった。アマゾンの写真や工芸品と、岡本太郎さんの言葉をあわせたもので、七月中旬からおよそ二ヶ月間開催された。

今回も展示のプロデューサーはプティ・ミュゼのときと同じ、ワンダーアートプロダクションの高橋雅子さんが手がけて下さった。

高橋さんと研子さんのアイディアを出し合って、会場は八メートルある天井から、大きく引き延ばしたカヤポ族の人々の顔写真と岡本太郎さんの言葉を吊し、一番大きな壁面は真っ赤にして、そこにも岡本太郎さんの言葉をちりばめた。そして、広い空間に、土器やアクセサリー、羽飾りから祭りの装飾具まで、多くの工芸品がところ狭しと並べられ、上映スペースでは二〇〇五年、サンパウロで催された「カヤポ展」の際に制作された三十分ほどのカポト村の映像を上映した。

「全宇宙をしょって生きている」

「逃げない、はればれと立ち向かう」

「僕は君の心の中に実在している」

真っ赤な壁面に飛び跳ねる岡本太郎さんの力強い言葉と、きらりと光るカヤポの人の面々。お互いが強さと美しさを高め合い、迫力満点。それでいて見ている人に何かを注いでくれるような、すっきりとしたエネルギーのある空間が出来上がった。

その展示を丸ごと一冊のカタログにした「アマゾンの侍たち×岡本太郎」（二〇〇七年、RFJ）はアマゾンの写真と岡本太郎さんの言葉がまぶしくて、元気がなくなったときにパラパラとめくると、気持ちを切り替え、充電できる。オススメだ。

ラオーニ来日中の私たちは、こちらの展示準備に時間を注ぐことができなかった。そのため、高橋さんとワンダーアートのスタッフの皆様に本当にお世話になってしまった。スタッフが少ない中でこなした展示と来日だったのだが、とてもいい勉強になった。何よりみなさんにアマゾンを紹介できるのが嬉しかった。岡本太郎美術館には一万五千人以上の方が暑い夏のさなか来場して下さった。

当団体の展示は終わってしまったが、岡本太郎さんの常設展も興味深いのでぜひ一度、機会があれば足を運んでいただけたらと思う。

左列上から：
広島駅に到着したラオーニ。
宮島の神社を歩く。
成城学園で子どもたちと。
白金、正満寺での講演会。

右列上から：
大聖院の座主、吉田さんと。
広島修道大学での講演会。
軽井沢の森で。

第4章
暑く乾く三〇〇〇キロの運転

暑く乾く一本道

３６０度、地平線まで果てしなく続く大豆畑やトウモロコシ畑、牧場が視界を埋《う》め尽くす。そのすき間に、林が点々と残っている。まぶしい太陽が、日陰のないこの大地をジリジリと熱く照らしつける。

真正面には、真っ赤な土道が伸びる。エアコンの効かないジープの車内は異常に暑く、大声を出さないと会話にもならない。砂煙を巻き上げながら、ひたすら前に進む。

ここは、ブラジル、アマゾン。アマゾン？

私の想像していたアマゾンは、まっ青な空の下、緑の絨毯《じゅうたん》のようなジャングル、そこを蛇《だ》行《こう》する大河。湿気に満ちている熱帯雨林。遠くで聞こえる猿の雄叫び、鳥のさえずり…。

そんなイメージは初めてのアマゾン行きですっかり壊されたはずだが、荒野の道を進むたびに、かつては鬱蒼《うっそう》としたジャングルだった、という絵が頭の中で重なる。

二〇〇八年。今私がいるアマゾンは、木々など一つもなく、気温は五十℃以上、湿度は限りなく一ケタに近いかもしれない。ところどころに、燃え残った木が痛々しくこちらを見つめ、その下では表土が流れ、岩盤があらわになった大地が広がる。息苦しい。シングーにたどりつくまでに必ず見なければいけない、私たち文明社会が作り出した景色。

ここ数年の視察と特に違うことと言えば、私は灼熱《しゃくねつ》の、アマゾンの凸凹道を運転している。のどの渇きがひどい。次のガソリンポストまで、まだまだ進まなくてはならない。

上下に体が浮くほど揺れ、視点を動かすことなどできず、数メートル先の地面をにらみつけながらアクセルとギアとブレーキを操作し続けている。

穴らしきものが見えれば咄嗟《とっさ》に避け、溝があればシフトダウン、ハンドルをがっちりと両手で握りしめている。むしろ、ハンドルにしがみつくことで、どうにか運転席に納まっている。岩のように堅くなっているところもあれば、ハンドルがとられるほど、砂がたまっているところ、ゴロゴロ石の砂利道。少しずつ状況は変われど、どこをとっても道は悪く、集中を要し、状況が良くないことに変わりはない。

無数に存在する穴を全て避けることなど到底無理なので、大きい穴に落ちれば、走行距離が十二万キロを越えたこのベテランジープは、その度にガッシャーンと大げさな音を立て激しく揺れる。

同時に私も「うわぁぁ！　ごめん！」と言いつつ、半分体が浮いたまま穴を越えていく。私よりも前に、アマゾン行きをすでに体験しているこのピックアップのジープ。二〇〇四年、JICAの草の根支援時に購入したジープだが、四年ほどでこの走行距離とは、ブラジルの大きさ、ジャングルの遠さを改めて感じさせられる。

小柄な私には座席が大きすぎるので、背中とお尻にエアクッションを敷き、不自然に座高が高くなっている。クッションと体の間にはじっとり汗がたまっていく。

助手席にはご存知、我らＲＦＪ、南研子代表。揺れに必死に耐えながら、両手でドアの取っ手や椅子にしがみついている。激しい暑さの中、体中の関節や内蔵を刺激するような揺れが何日も続く大移動。坐っているだけでも大変だ。

シートベルトは、事故時の防御機能のために、揺れる度に体を締めつけていく。オフロードにはやっかいな機能となってしまった。

前方に砂塵《さじん》が舞い上がり、視界をさえぎることがある。車輌だ。近づくまでそれが輸送トラックなのか、長距離バスなのか、その姿が全くわからない。とにかく、砂塵《さじん》が見えたら、グルグルと急いでノブを回し、窓を閉める。

窓を全開にすることで、どうにか凌《しの》いでいた暑さが再び車内に充満し、不快指数は二百パーセントくらいになる。砂塵《さじん》の中に突入。相手の姿が見えて来たら、対向車がいないか、相手は私たちの存在に気づいているかなどを確認し、風向きで視界が開けた瞬間、一気に追い抜く。一番緊張する瞬間。

この追い抜きが怖くて、前に砂煙が見える度に、憂うつになった。しかし、幾度となくトラックに幅寄せをされたり、路肩のない道を経験するうちに精神力も鍛《きた》えられ、ちょっとしたエンターテイメントにさえ感じるようになった。

とにかく、日が落ちる前に次の町に着かなければならない。日が傾きはじめてからの時間はものすごく早く感じ、焦燥《しょうそう》感がわき上がってくる。

沈んでいく太陽が追い打ちをかけるように、私に無言の圧力をかけ、私たちはますます沈黙する。あまりにも必死で私は鬼のような顔になっていただろう。西日に向って目を細めながら道路を凝視して、とにかく前へ。人間、必死になると恐るべき集中力を発揮し、気力でずいぶんと体力も延長されるのだと、今になって思う。

あのときの私は、自我などなくなって、運転する塊《かたまり》みたいだった。そんなことが続いて何日目になっただろうか。そして、私たちは女二人でなぜこんなところを突き進むのか。

ことのはじまり

二〇〇八年、六月。初夏になりつつある東京から来た私を、秋がそろそろ終わり、冬に向うサンパウロが迎えた。

ブラジルと言えば常夏のイメージだが、立派に冬もある。日本と比較すればその冬は短くとも、石の建築物が多く、短い冬のために暖房設備のないホテルの部屋やレストランは、二十四時間私の体を芯《しん》から冷やす。そのため、真冬のコート、ホカロン、タイツ、厚手の靴下などは欠かさず持っていくようになった。

ブラジル入国手続の長い列に並び、手続を済ませてゲートを出ると、先に現地入りしていた研子さんとブラジル人スタッフが出迎えてくれた。機内食が苦手な私は、空港に着いた時点で異常な空腹と眠気でフラフラだ。すぐに昼食を済ませたら、国内線ゲートに向かい、ブラジリアへ移動した。この年もブラジリアから陸路で現地を目指すことになっていた。

サンパウロとは打って変わって、飛行機を降りるとカッと暑い。ブラジリアの気温は二十五℃。滑走路の向こうに見える木々がいかにも熱帯の植物で、少しずつジャングルが近くなっている感じがした。五度目のブラジル。ようやく旅の始まりの地を踏み、緊張とともに胸が高揚した。

ブラジリアからシングー国立公園までは直線距離でおよそ千三百キロ。旅の段取りは既に現地スタッフと研子さんが相談してほとんど決まっていた。陸路、つまり車で行く一番のメリットは経済的なこと。

この年の四年ほど前、私が初めてブラジルに来た二〇〇四年は、一レアルが約三十五円だった。しかし、それからの数年で資源国ブラジルは、ぐんぐんと経済成長の波に乗った。海外からの注目も高まったことから、この国への投資が増え、レアルはドルに対し強さを増し、二〇〇八年には一レアルが六十円ほどにまで上がっていた。

日々変動するレートの中では、同じ値段でも、換算するとその金額が全く異なってくる。円で寄付や助成金を頂いて、換金して支援事業をする私たちには、とてもつらい状況だ。コストを考えて空路は控え、道がある限りは車で、なければ水路で川を利用し、ボートで移動することになった。

しかし、この車での道中が問題だった。当時の若いブラジル人スタッフのブルーノは車の運転が好きなのはいいのだが、その若さ故に意味もなく異常に飛ばす。一般道で百五十キロくらいは当り前、土道に入れば何か勘違いしているんじゃないかと思うほど、攻めの運転をするので、乗っているだけでもシングーに着く前に、いつもヘトヘトに疲れてしまう。

この年は、トヨタ・ド・ブラジルから一定期間無償で車を提供してもらう契約で、支援を頂いていたハイラックス・サーフと、数年前の草の根支援プロジェクトのときに購入した三菱のジープの二台がＲＦＪブラジルにあった。現地到着前に疲れるような状況に懲《こ》りた研子さんは、車も二台あるのだから、

「パイングリ、運転出来るよね。ここ数年で何度か通ったことのある道だし、スピードを出す事もないし、彼らにはちょこちょこ待っててもらいながら、ゆっくり行けるかな」と提案した。

私は、

「運転は日本でもしているからできるけど…。ブラジルの道路はまだ運転したことないし、何ともいえないなぁ…できるかどうかはやってみないとわからないし…やってみようか」と答えた。

わからないものに吸い寄せられるとき、私の想像力は急に欠如する。本当にダメとわかりきっているときには「ムリ!」と言えるだが、私のチャレンジ精神みたいなものがあって、可能性を感知すると私の思考を操作し、色々考えられない頭にする。そして、そのまま背中を押された私は首をたてにふる。

大体、現場に来て(ウワァどうしよう…まずいなぁ、緊張する…)という状況になることが今までの人生でも何度もあった。でも、イエスと言ったらやるしかない。

ブラジリアで旅に必要な食料、キャンプ用品などを買い揃え、それぞれを箱に梱包《こんぽう》していく。出発前日の夜九時ころ、ようやく全ての仕度が整った。あとはしっかりご飯を食べて眠るだけ。

翌朝七時ころ、ブラジリアのホテルをチェックアウトして出発。外はまだ薄暗く、オレンジ色の街灯が通りを照らしている。この年は当時のブラジル人の男性スタッフ、年配のパウロ氏と若手のブルーノ、研子さんと私の四名での視察となった。郊外に出るまでは、二台のジープをそれぞれブラジル人スタッフが運転し、私たちも二台に別れて助手席に乗り込んだ。

なぜこのまま二人に運転を頼まなかったかと言うと、パウロ氏はひどく運転が下手なのだ。アクセルを踏むタイミングも、曲がるときのハンドルさばきもおかしい。よく事故らないものだと逆に感心してしまうほどだ。

昼過ぎ、市内からだいぶ離れ、本格的な内陸の幹線道路に出た。ガソリンスタンドで給油とトイレ休憩を済ませ、いよいよ運転交替。研子さんと私は三菱のジープに乗り込む。私はパウロ氏の助手席から解放されてちょっと安心した。

荒野に放り出された二人

「つかず、離れずでいいから、様子を見ながら走ってネ」

そういう私にかなり不満げな表情をぶつけてくるブラジル人二人。自分たちのペースでかっ飛ばして進めないのが嫌なのだろう。あぁ、失礼しちゃう。自分たちの仕事をなんだと思っているのだ。

そんなやりとりをしたのも遠い過去の話。その翌々日、アスファルトの道が終わり、ガタガタの土道に入ってから、彼らは私たちを待たなくなった。ブラジリアからおよそ七百キロほど進んだだろうか。私たちは、完全に女二人、ジープでボコボコ飛び跳ねながらアマゾンのど真ん中に放置され、ひたすら土道を疾走《しっそう》していた。

私はやったことのないものに対しては、比較的好奇心を持ってチャレンジする方だと思う。それでも、この道中はあまりにも危険すぎた。今は一緒に働いていないスタッフ二名だが、その当時、彼らが私たちを道中において先に走って行ったことなどあり得ない話だと、この話を聞くブラジル人全てが、何と危険なことを…と、驚愕《きょうがく》する。

奥地であるこの道のりは警察の目も、人目も遠く、盗賊もよく出没する。ブラジル人が驚くのだから、よっぽどだ。本当に危なかったのだろう。何事もなくこの体とこの魂で今を迎えられていることは奇跡に近く、神々、精霊さんに感謝だ。

それにしても、なんとジャングルの遠いことか。こんなにもよく森を切り開いたものだと、分厚い森を伐採し、畑にする人間の欲の深さに圧倒される。

このブラジルという国ができるずっと前から、この大地に住み続けて来た人たち、インディオ。彼らは文明化する道を選ばず、この大地にある資源で完結する暮らしを営んできた。この国が建国され、知らないところで彼ら先住民も、アマゾンの森も、ブラジルに属するものとなってしまった。

シングー国立公園に最も近い町、サンジョゼ・ド・シングーに着いたとき、太陽はほとんど地平線に隠れ、紫色の光がズンズンと夜を連れて空にカーテンをしこうとしていた。ここのような奥地の町は、開発に伴ってできたもの。通り一本から始まり、労働者の家々、輸送トラックの簡易食堂、宿、酒場、売春宿。町が少しずつ大きくなるにつれ、人口も増えていく。サンジョゼは私たちが通って来た幹線道路に面しており、アスファルトの通りは数百メートルの目抜き通りとその付近にあるだけで、それ以外は赤い砂の舞う殺風景な町。

以前までは〝バンギ・バンギ〟と呼ばれ、これはバン、バンと拳銃の音ばかりしていたことから、そうなったと聞いた。今は当時より治安も良くなりつつあるが、決して雰囲気のいい町とは思えない。その風土に従って生まれた町がほとんどを占める日本から来た私にとって、開発によって発生した町の雰囲気はどこか違和感があった。

連日の運転で体力も気力も限界ギリギリ。さらに日が落ちるまでに着かなければならないというプレッシャーから多少の無理をして六〜七時間運転し続けた。ようやく着いたサンジョゼで、先に到着しているスタッフの車を見つけ、その横に止めた。疲れ果て、早くホテルに行きたいのに、何やら地元の人と話し込んでいる。待ち時間さえも辛い私が、

「早く行こうよ。一休みしてご飯も食べたいよ」と言うと

「もう一時間半も待たされたんだ。今話の最中なんだから…」と眉間《みけん》にしわを寄せてブルーノが言ってきた。

頭にきた。私たちを危険な幹線道路に置き去りにし、自分たちはペースを乱さず、私たちを気遣うこともなく、この運転を私が当り前にやってきていると思っているのか。怒る気力も、彼らが得意な言い訳も聞きたくないので、沈黙していた。沈黙など、彼らにとっては一番無駄な抵抗なのだが。

実際、この幹線道路のみならず、ブラジルという国の治安は、日本のそれとは全く違う。サンパウロ在住の日系人の女性が、ある夜信号待ちをしていたら、隣にパトカーが来て「何止っているんだ。危ないから早く行きなさい」と言われたとか。

ドキュメンタリー映画で見るファベーラ（スラム街）も全てではないが、今起きていることの断片だし、ピストルを突きつけられたことのある人は多い。とにかく、この道のりを完走できただけでも万々歳。サンジョゼに着いた夜は、心身共に疲労がひどすぎて、ベッドに倒れ込んだ。

翌朝、サンジョゼの町を後にし、五十分ほどで国立公園の境界線上のポスト、ピアラスに着いた。しばらくの間、ジャングルの生活がまた始まる。

二年分のうっぷん

暑く乾く一本道。地平線まで赤土道が続く。

二〇〇七年はラオーニの来日、岡本太郎美術館での展示などがあり、現地視察に行くことができなかった。そのため、二年ぶりの現地視察となった今回は、ピアラスに着くやいなやインディオたちは皆言いたいことだらけ。うっぷんがたまっているようだった。

しかし、ミーティングをするにも必ず主要リーダーが揃わないと、まとまるものもまとまらない。メガロンとラオーニは保護区近郊の町、コリーダにいるというので、スタッフが一日かけてコリーダまで二人を迎えに行くこととなった。

彼らが来るのを待っていると、カヤポ族、メトゥティィレ村出身の青年マンゴイが研子さんを訪ねて、私たちの滞在する家に来た。

保護区の北、パラ州側の境界線沿い、ヘデンサウンという町にあるヘンザホテル。境界線上にあるこのホテルはたくさんのツーリストを呼び込んで不法漁を繰り返しているという。大自然に流れる大河での釣り。この好環境は釣り好きのツーリストにはたまらないだろう。

インディオたちが取り締まりに船を出したが、威嚇《いかく》射撃をされたという。広大な面積を有する保護区の境界線を柵で囲うことができるわけがない。境界線沿いにはポッン、ポッンとポスト・ピアラスのような監視小屋＝ポストがある。

しかし、ポストの場所によっては、その管理や運営がままならないところが多い。不法侵入者や境界を分ける牧場主とのトラブルは多く、どちらの場合でもまず大事なのは交渉、話し合いだが、ポルトガル語でまくしたてられたら、それだけでもうインディオは不利な立場に立たされるのだ。

立地、人材によりそれぞれのポストの状況は差があり、まんべんなく保護区を監視し、安定的に管理していくことなど、この広い面積とＦＵＮＡＩの経済状況、ブラジル政府の対応を考えたらほど遠い現実である。

大きすぎる課題を前に、私たちがとやかく口を出せることも、何かを投入することも今はできない。しかし、マンゴイの声は、大きな現実問題の一つである。歯がゆい気持ちもあるが、ここでお金を出しても、何かが残るわけでもない。武装に手を貸すわけにもいかない。マンゴイも私たちの返事に納得してくれ、話せてよかったと言っていた。

翌日、夜八時ころ、ラオーニとメガロンを乗せてジープがピアラスに戻ってきた。ラオーニとメガロンに会えて、問題は山積みだけれども、何となく安心した。

主要メンバーが揃ったので、一夜明けて朝十時。早速ミーティングを行う。二年のブランクがあるので、状況の変化にも耳を傾ける。メガロンから、アメリカ政府により山火事対策としての消防訓練プログラムが実施されていることや、心ある牧場主に協力をあおいで、原生林で減少している植物の種や苗木を植えてもらうプロジェクト、また、いくつかのブラジル企業の資金提供によりコパイバ（風邪やのどの痛みに効く植物）の採取による経済的自立を計る計画などがあると聞いた。

どのプロジェクトも始まったばかりなので、継続性はまだ読めないという。現在の状況から、彼らが優先したいのは不法侵入者の監視および取り締まりと、インディオの若者と子どもたちの教育。この二つを強調した。

監視プロジェクトを支援するのは非常に難しい。何を守れた、何を防げたという具体的な成果が見えない上に、時としてお金を捨てるようなことにもなりかねない。しかし、マンゴイの話もそうだが、彼らにとっては切迫した問題である。

学校に関してはカヤポ族の二つの集落、メトゥティィレ村とカポト村で、それぞれクラスはあるが建物の老朽化がひどいという。

メトゥティレ村は川から近いので水路で資材を運ぶことができるが、距離的にも遠いカポト村はなかなか難しい。マトグロッソ州政府が建設資材などハード面の支援をするということだが、いつ始まるかも、予算も決まっていないという。不足なものなどRFJでさらにサポートできるかを検討したいので、マトグロッソ州政府からの支援が具体化したら、連絡をもらうことにした。

メガロンの希望で各村のプロジェクトはメガロンを通さず、直接村のリーダーと決定していくように仕組みを変えることになった。そのときメガロンは直接的に言及しなかったけれども、当時のパウロ氏の仕事ぶりに多くの疑問を抱くところがあったようだ。どちらにせよ支援方法を変えたことで、メガロンの肩の荷も少しは軽くなっただろう。

ミーティングを終えた日の夜、カヤポ族のリーダーの一人、ムイカラが訪ねてきた。私はこのときがムイカラとは初対面だったが、もの静かで凛々《りり》しい、すてきなおじさんだ。カポト村に住む彼が、ぽつぽつと言葉を出す。

カポトの学校がなかなか改善せず、FUNAIや州政府のやりとりも滞《とどこお》りがちな現状を歯がゆく思っていたのだろう。それでも、

「学校は今の子どもたち、若者には必要だ」ろうそくの薄暗い光の中、遠くを見つめてとても

悲しそうな顔をして強調した。

インディオたちの世界に外からモノ、情報がどんどん流れ込んでくる。少しずつ彼らは生活に取り入れていく。日常が誰も気づかないまま変化し、若者の心も動いていく。ふと立ち止まり、その変化に一抹の不安を覚える。自分たちは何を失っていくのか？　森がどんどん伐採されたら、どういう生き方をしていくのか？

若者がブラジル文化に惹《ひ》かれていくことは、ムイカラも含めて多くのリーダーが懸念するところでもあるが、誰がそれを止められようか。長老たちは、若者たちに何かを強制することをせず、ある意味私たちよりリベラルなのだ。それでも中にはインディオとしての誇りをもち、ぶれない芯《しん》を持った若者もいる。

ムイカラはパッと向きなおり、メガロンも背負うものが多すぎるので、新しい仕組みでやっていくことに期待をしていると、明るく言った。

数日間こうして滞在していると、ムイカラや若者マンゴイのように個人的に、研子さんを訪ねてくるインディオが必ず出てきて、色々な情報を置いていってくれる。一日や二日じゃ見えないことが、彼らと暮らすことにより見えてくる。こういった日々の生活から出てくる体験こそ現地視察の意義なのだと感じる。

カポトに続く道

川も遠く、ジャングルのど真ん中に存在するカポト村へは、今までは小型飛行機で直接乗り入れるしかなかった。しかし二〇〇八年、車一台が通れるくらいの道が開通した。ポスト・ピアラスに私が運転してきたジープ一台を置き、もう一台に四人で乗り込み、その年は初めてカポト村に車で向かうことになった。

道は本当にひどかった。おなかにバスタオルと丸めたフリースをはさんでシートベルトをしたり、試行錯誤したが、どちらにしろひどい揺れで、はりつけの刑にあっているようだった。牧場で数少ない道を何度も迷ったが、道を聞くにも人がいないし、一つひとつの牧場の境が信じられないくらい大きい。道を聞くためにまず牧場主の家を探し、車を走らせ、小一時間ほどそれを繰り返してから、やっと保護区内へ続く道を見つけた。

大きめのジープにバシバシと枝が当たるほど、道幅は狭い。密林の中を抜けて行く。しかし、保護区に入ってからは両脇がジャングルなので涼しく、景色も美しい。不毛の地を眺《なが》め、砂ぼこりで息苦しい空気の中、常に眉間《みけん》にしわを寄せていたのも、もう過ぎたこととなった。

それにしても、今度は走っても走っても村につかない。日はどんどん落ちてくる。ジャングルと、低木や背の低い草の続く草原、またジャングルに入り…。

さらに、早めの昼をピアラスで食べたきり。みんなひどくお腹がすいてきている。私はいつも、念のためと思って食料をすぐ出せるところに入れておく。出発のとき、バケツいっぱいの食べ物を抱える私を見て、ブラジル人スタッフたちは、食い意地の張ったやつだな、と言わんばかりの冷たい視線を投げかけていた。だいぶ図太くなった私はそんなのも気にもせず食べたいときにつまもうと思っていた。

しかし、今となっては前の座席からバケツめがけてどんどん手が伸びてくる。ムッとすることなど何もない。食べ物があれば彼らの機嫌も悪くならないで済むだけマシなのだ。

すっかり日が落ち、真っ暗になった。相変わらずジャングルと広がるサバンナの間を繰り返し抜けて行く。保護区の中は一本道なので、さすがに迷うことはないのだが、ヒョウなどが目覚めてしまう時間なのではないかと、ひやっとしてきた。夜の冷たさが窓から、車の中にも伝わってきた。

日没後、木に覆《おお》われたジャングルは、暗さがさらに強調される。沈黙が続く。と、そのとき突然、暗闇の中にチカチカと光るものがいくつも出てきて、こちらにふぁーと寄って来た。

「何あれ！」ドキドキした。精霊にしてははっきりしすぎているし、人だったらそれもそれで怖い。

少しずつ近づいて行くとどうやら懐中電灯の光だ。運転していたスタッフが窓をあけると、ジャングルの奥の方に、大きなたき火が見え、インディオの楽しそうな歌声が聞こえているではないか。でも、村ではない。

おそるおそる窓を開けてみる。目を凝《こ》らすと、たーくさんインディオの男たちが車を包囲していた。じーっと車内を凝視する人、あいさつしてくる人、みんなやたらとテンションが高く、盛り上がっている。

「村はまだここから一時間くらい先だ。もうすぐさ。ここでは亀の祭りのための狩りで森に入っているんだ」一人のインディオが教えてくれた。

ジャングルの間をぬうように進む。

そう、彼らはカポト村から集団で森へ入り、野営をしながら亀狩りをしていたのだ。ちょうどその横を私たちが通りかかったということ。少しの狩り道具と芋《いも》、ハンモックなどを持って森に入り、泊まるところが決まれば簡単に整地して、ヤシや枝で簡易小屋をつくる。獲物や収穫物が増えれば、その辺のつるでざるやかごを編み、頭に担ぐ。もちろん地図も磁石もなく、村へまた戻る。

村に戻れば祭りということで、すでにみんな興奮気味。歌声が森中に響いている。

「明日には狩りを終えて、村に集まって祭りをはじめる」

じゃあまた、とあいさつを交わし、再び車を走らせた。本当に野営して、森の中を移動できてしまうんだな…。人間にもそういう能力があることに驚く。私なんて森に一人で出たら途方に暮れることくらいしかできない。

彼らの生き方、世界は蓄積された経験による叡智《えいち》から生まれたもの。私たちはわかりやすくするために支援とか保全事業とかそういう言葉を使う。しかし、私が彼らにできることなどほとんどなく、学ぶことの方が多い。

世界の人々がより気持ちよく、この体を活かしていける生き方、こういうことへの答えがインディオの世界に溢れているように思うのだ。

村に着いて…思わぬ再会

カポト村に着いたのは夜九時近く。結局、森にいたインディオの言う通り、あれから一時間半ほどで到着した。

まずは村の長老ヨバウを探し、到着を告げる。ヨバウは威厳に溢れながらも、面倒見がよく、優しい、誇り高きカヤポ族の長老の一人。

荷物を車から下ろし、ハンモックを吊る。夜遅いので、村に駐在している看護婦さんのところへ行って調理場を借り、簡単に済ませようと言うことで、診療所まで歩いて行った。

「マリアジョゼー!!」

大きな体に百パーセントの笑みを浮かべて立っていたのは二〇〇六年、メトゥティィレ村で一緒に時を過ごしたビッグママ、マリアジョゼだった。何人もの養子をとって育て上げた彼女は底抜けに明るく、おちゃめで豪快な人。

そして、もう一人の看護婦さんはサンドラ。三十代後半の彼女は初対面だったが、マリアジョゼから研子さんと私たちの噂は十分に聞いていて、到着を歓迎してくれた。二人とも深くインディオを尊敬し、愛している。

すっかり意気投合し、彼女らの配慮で食料は全て診療所へ運び、お互いの食料をシェアしながら協力して過ごそうということになった。食事を済ませて家に戻り、簡単に荷物の整理をしていると暗闇に誰かが寄ってきた。ペップトックだ。二〇〇七年はブラジルに来なかったので二年ぶりの再会だった。

「コンバンワ」

ちゃんと日本語を覚えていた。また明日、と軽く話して、私たちはあっという間に寝袋にもぐり込み、ハンモックに包まれた。天井を見上げるとすすで赤茶色に光り、美しく整然と並んだ、ヤシ葺きの屋根裏がろうそくの薄明かりに浮き上がっている。

（インディオの村に着いたなぁ…）

長く乾いた猛暑の道のりの辛さもすぅーっとほどけて、胸に安堵感が広がった。

亀祭り

遠くか近くかわからないが、歌声がする。ポケットに忍ばせた時計を見ると、朝の四時。外もまだ暗い。冷たい空気が鼻に入ってツンとした。

あの野営をしていた一団が村に帰ってきたのだろうか。男たちの歌声が村中に響き渡る。まだ早いし、もう少し眠っておこう。少しずつ外が明るくなり夜明けを迎えると、いよいよ目も覚め、さらに空腹でもう眠れそうにない。

朝の四時から寝たような寝てないような、まぶたにずっしりと眠気を残したまま、もぞもぞと起き上がり、外に出た。何人かの男性が列をなして歌いながら行ったり来たりしている。まだ日が昇りきっていないので、肌寒い。フリースを首のところまでギュッと閉めて家の前にしゃがみ、祭りの始まりを眺《なが》めていた。

その日の午前中、野営していた亀狩りの一団が雄叫《おたけ》びをあげながら村に帰ってきた。背中にはたくさんの亀を背負っている。いよいよ祭りが始まった。村の真ん中、男の家から少し離れたところに大きな火が用意された。バナナの葉で亀を包み、火で熱した石で、蒸し焼きにする。できた蒸し亀は分配されてそれぞれの家に持ち帰られる。

朝九時、十時、十一時…。ぐんぐんと気温は上がり、太陽が近づいてきて、大地を焼き付ける。しかし、そんなことを気にかける者は一人もおらず、インディオたちの踊りは止まらない。疲れたら横で休み、また入り、常に何十人もの男女が列をなして歌い、踊っている。さすがに昼間ともなると踊り手のほとんどは若者になった。

激しい踊りが続けば、テンポのゆっくりな歌へ変化し、押しては引き、海の波のように流れていく。

私は暑さでとてもずっと外には立っていられないので、日陰で休んでは、ヨシと意を決し、カメラを片手に炎天下で踊る群衆に近づいて撮影をした。毎年日本語を覚えにくるペップトックも、この日は踊りに夢中。休みがてらこちらに来ると、満足げな表情をしていた。

写真を撮っていると子どもたちが寄ってくる。そのうち、僕も！　私も！　と押し寄せ、おしくらまんじゅうの真ん中になってしまった。私はひと呼吸おいて、みんなをレンズから離し、

亀祭りで踊る子どもたち。

記念撮影。撮れた写真をカメラのモニターで見せると、照れ笑いをしながらそれぞれがまた踊りの輪へ散って行った。

とにかく日がな一日、踊りが止まることはなかった。雨期には毎日のスコールでじっと家にこもる日々が続く。そしてこの乾期の今、たまったエネルギーを祭りとして放出する。祭りの踊りや歌が目の前で繰り広げられたときの胸の高鳴り、わくわく感は、何だろう。とにかく、お祭りというのは嬉しく楽しいものだ。

この日から毎日、夜明け前から始まる祭りの歌声も、いつしか心地よいものとなり、ハンモックの中に押し込んだ寝袋を、足元でもぞもぞとさわりながら目覚めると妙に気持ちよく、小さな幸福感に包まれた。

荒野のドライブ再び

祭りの合間に長老、リーダーたちとミーティングをし、この年はやはり学校の建て直しを再検討するということとなった。学校が壊れたカポト村では、勉強したい子どもたちが木の下に座ってノートを開いていた。

今すぐにでもどうにかしたいのに、なかなかことが進まないもどかしさ。それとは逆に押し寄せる開発の波。子どもたちの勉強したい、というその純粋な気持ちに私たちは胸を打たれる想いだった。

出発の朝、まだ日が昇りきらないうちにカポトを出発すると、昼過ぎにピアラスに着いた。長老ベジャイらに別れを告げてから、再び私と研子さんが三菱のジープに乗り、二台に別れて一路サンジョゼ・ド・シングーの町を目指した。サンジョゼのホテルに到着すると、疲れ果てた私はご飯にも行かずにそのまま眠ってしまった。

翌朝。行きの教訓からブラジル人スタッフ二人は私たちを待つことなどしないので、七時半にはもう荷物をまとめ、車に積んで一足先に出発することにした。前の日はご飯も食べずにぐっすりと眠ったものの、数週間ジャングルを巡《めぐ》るジプシー生活、ここ数日の数百キロに及ぶ移動もあり、蓄積された疲れは一晩で抜けるものではなかった。

二時間ほど揺さぶられ、エスピガゥン・ド・オエスチという町というにも小さいところで、ジュースと水を買って一休みしてから、その日の宿泊地アグア・ボアへ車を進ませた。低い位置にあった太陽もすっかりてっぺんに昇りきり、私たちを、この大地を照らしつける。

穴に注意して地面を凝視《ぎょうし》しながらも、だんだん距離感がマヒしてきた気がした。加えてこの暑さ。こまめに水分補給をしつつもいよいよ疲れがピークに近づいた。私の支えとなるものは、もう切れそうだった。

前を見ているると、自分も進んでいるけれど、ぶわわぁ〜と景色がゆがんで動いているようにも見える。焦点も定まらず、意識ももうろうとする。

「なんか前がうまく見えなくなってきた。ちょっと休みたいな…」

路肩もないような土道、治安だって全く良くない。その辺で止めて、というわけにもいかないので止められそうなところまで、どうにかがんばろうと思っていた。もう少し、もう少しと自分に言い聞かせ進んで来たが、もう限界。

しばらくすると、家が数軒並ぶようなところが見えてきた。大きな木が一本、村はずれに目印のように立っていた。木陰にどうにか車を寄せ、エンジンを切る。

ドアを開けるとすーっと日陰の気持ちよい風が抜けた。午後二時だった。

「二十分くらいでいいから。ちょっと目を閉じて休みたい」

そう言ってすぐ、スースーと寝息を立ててあっという間に私は眠ってしまったらしい。よっぽど早く寝付いたのだろう。

横にいた研子さんはこのときの私の様子をよく語ってくれる。三十分ほどすると「パイングリ、パイングリ」研子さんの声で目が覚めた。

ストンと眠れていくらか楽になった。振り返れば、この灼熱《しゃくねつ》の路上で、朝に五百ミリリットルのペットボトルに水を満たしてきたものを一本と、昼前にエスピガゥン・ド・オエスチの商店で水とジュースを飲んだのみ。

私たちは完全に水分不足に陥《おちい》っていた。しかし、この小さな村には商店などなく、あまり長時間停車しているのも不安なので、ひとまず先に進むことを最優先し、車のエンジンをかけた。

前に進むのが精一杯。脱水症状に近づいてきたのか、ズキンズキンと頭痛がする。気力でどうにか時間を引き延ばし、数時間後、ようやく水を買える場所にたどりついた。車を止めるとすぐに水を買い、一気に飲み干す。ゴクゴクと、喉《のど》を通る水が全身に行き渡った。まだ気を緩めることはできないが、脱水症状という不安要素が一つなくなったので幾分気持ちも体も楽になった。

さらにさらに道は続く。再び巨大な輸送トラックに出くわし、砂煙の中、追い抜きに苦労したりしつつもどうにか、どうにか無事にアグア・ボアに着いた。結局十時間ほどかかり、夕方の六時近かった。

「着いた——‼」

必要な荷物を背負って、ホテルの部屋へ。扉を開けると、横に鏡があった。見ると私の顔は真っ赤。まだまだ水分は足りなく、太陽熱で全身がほてっていたようだ。頭を金属の棒で打つように響いていた頭痛も、さらなる水分補給と熱いシャワーに夕食で、どうにか治ってくれた。一時はどうなるかと思ったが、とにかくよかった。この一言に尽きる。

アグア・ボアに着けば先はアスファルトの道のりばかり。半分以上は終わった気分だ。後は再び、ブラジリアを目指すのみ。

旅を終えて、ＲＦＪの迎えた転換期

車の故障もなく、何かに巻き込まれることもなく、運転をがんばったご褒美《ほうび》だろうか、この年の視察は今までで一番スムースだった。

ブラジリアに数日滞在し、そしてサンパウロに戻るともう冬が始まっていた。袖無しで、ハンモックに揺られていたジャングル暮らしとは一転、ダウンジャケットを着込んで熱いお茶をするような毎日。

　支援活動が始まってから二十年を目前に控えたこの年、ブラジルの現地スタッフはパウロ氏と、二〇〇五年ころに加わったブルーノ、この二人だった。

　一向にスピードを緩《ゆる》めない開発、変わらない現状、二十年という支援の歳月。パウロ氏と研子さんは設立当初から色々な局面を迎えながらも協力してやってきた。私のいない時間が多いので、私が言える部分は少ないのだが、日本とブラジルの文化の違いと言われれば、疑問が出ても違う国だからか…と歯がゆくも仕方なく思っていたこともあった。

　もちろん、時間を長く共有するのだから楽しく過ごし、笑うこともあった。ところが今年の視察は特に、彼らの考えや行動に疑問が多く残った。それぞれの想いが違うベクトルに向かって動き出していた。信頼関係のゆらぎかもしれない。

　複雑な想いと問題を抱えながらも、視察を終えて私たちは帰国した。数か月後の二〇〇八年の年末、パウロ氏はＲＦＪのスタッフを辞任し、別の道を歩むこととなった。メガロン、ラオーニとも日本から研子さんが電話で話した。このときブルーノはまだ残っていたが、彼もここから一年後、ＲＦＪを離れることとなった。

　どちらにせよ、自然な流れだった。小さな出来事が積み重なり、ときを待って大きな変革として、来るべきときが巡ってきた。

アマゾンの森とインディオたちへの想い、日本の支援者からの気持ちを伝えたいということにぶれはないことは、研子さんから強く伝わったたし、それは私も同じだった。

ブラジルでの人事異動もあり、二〇〇八年は帰国してからも何かと慌《あわ》ただしい年だった。それでもメガロンとは連絡をとり合い、支援活動が途切れることのないようにしながら、今後の現地支援の体制を、どうとっていくかが来年の課題になると話し合っていた。

ジャングルでは皿洗いさえ命がけ。

第5章
大きな使命を背負った二〇〇九年

ジャングルが燃える!?

ブラジルでの現地支援体制を立て直すことになった二〇〇九年。七月になって、研子さんは私より二週間ほど早くブラジル入りし、私は後から向かった。

この年は初めてのドイツ回り、ミュンヘンで飛行機を乗り換えた。アメリカ経由より遠回りのような気がしたが、やはり地球は丸かった。相変わらず道中は長かった。

日本を出発する前に研子さんが電話で、

「今年はシングーの、インディオの村に入れないかもしれない。豚インフルエンザ(H1N1)がすごく流行していて、取り締まりも厳しいし、ブラジルの厚生省から、外部から保護区への出入りを禁止するおふれが出ているのよ。がっかりしないように、先に伝えておこうと思って」

こういうことを聞いていたのだが、やはり私がサンパウロに着いても、状況は改善していなかった。今年はシングーに入れない。

インディオは原則保護区に留《とど》まるようにと言われているものの、外に出ることはできるというので(変な話)近郊の町まで出向いてミーティングをすることとなった。

現地視察での先住民保護区への入園許可をはじめ、先住民に関わるＲＦＪの活動は必ず大統領直属、法務省の下部組織、ＦＵＮＡＩへ報告する義務がある。開発側であるブラジル政府の一組織だが、常に良好な関係性が必要であり、中には本当にインディオのことを想っている職員の方もいる。現地入りする前には必ず私たちも、首都ブラジリアのＦＵＮＡＩ本部を訪れている。

保護区に入れないけれども、メガロン、ラオーニとミーティングをし、研子さんが十年以上足を運ぶことができなかった、シングー川上流域の部族の人々と再会することは実現できそうだった。

また、シングー周辺で支援活動をしている団体があるならば、アポをとることにした。その一つとして、マトグロッソ州消防団から話を聞けることとなった。消防団も快く私たちを招待してくれた。

二〇一〇年七月二十九日、彼らを訪れるべく、サンパウロからマトグロッソ州の州都クイアバへ飛行機で向かうところから視察は始まった。クイアバの街に入ると、久々に湿度のある蒸し暑さ。今、日本は夏の真っ最中だということを思い出した。

消防団の会議室に通されると、数人の役員、職員が八人ほど揃っていた。私たちと連絡を取り合っていたマリアーノ少佐が早速、マトグロッソ州での活動内容や現状を説明してくれた。

シングー国立公園の周囲は開発され尽くしている。

「マトグロッソ州は日本全土とほぼ同じ面積です。しかし、消防隊員は946名しかいません。私たちの役割は消火活動にとどまらず、自然災害、救命、交通事故など様々なことに対応しなければならないため、一人ひとりが多くの技能、資格を持っています」

　活動現場の写真スライドをまわしながら薄暗い部屋で彼の話に聞き入る。エアコンの室外機の音がうるさい。なるほど、消防団といえど、日本でいう自衛隊の役割も担うため多く特殊技能を兼ね備えなければならない、大変な任務だ。

「マトグロッソ州の二十三パーセントを占めるシングー先住民国立公園ですが、ここを含むマトグロッソ州全体は今や森林破壊エリアに入っています」

　つまり、猛スピードの伐採により森が消失したため、栄養素の乏しい大地と、それを取り巻く大気の乾燥が激化、いつどこで自然発火が起こってもおかしくないほど、深刻な状況に陥っているという。

さらに緑が残っているところでも、葉や枝が風でぶつかり、こすれあっただけで火が起きてしまったり、ジャングルを構成する植生が変化し、太陽が入り込みすぎて森が枯れてしまったりする。これに対応するために彼らマトグロッソ州消防団は日々奔走しているのだ。

いわゆるアメリカのサンフランシスコやオーストラリアで見られる山火事と同じようなことが、このアマゾンで起きている。

火は場所を選ばず発生し、燃え広がる。特に森林が密集して残るこのシングーには、火種が竹の根のように、大地に静かに潜伏し、燃えるチャンスを待っている。火種にとってジャングルは山ほど薪《まき》があるようなものだ。そこに暮らすインディオたちも数年前から、火災にはすでに悩まされていた。

特にマトグロッソ州の北側、カポト村のエリアは、密集したジャングルというよりも周囲は草原地帯が多くを占めている。そのため、この一帯は火が起こりやすく、カポト村ではここ数年、森林から発生した火の手により、数軒の家が火事で焼けてしまっている。

このような状況を受けて、シングー近くの牧場主の一人であり、周囲の牧場主たちへ森林保全活動の啓蒙《けいもう》を行っているアメリカ人のジョン・カーター氏が間に立ち、アメリカの

USAID《ユーエスエイド》の協力を得て、ピアラスで見たような消火活動プロジェクトが実施されていたのだ。このプロジェクトでは環境教育や気象変動と開発といった学科科目と、消火活動、救命活動などの実習科目の二本立てで進められている。

(ここまで状況が悪化しているなんて…)

アマゾンの森はインディオの命を、そして、私たちの命をつなぐ鍵だ。「熱帯雨林」という言葉とはほど遠く、アマゾンのジャングルには激しい乾燥と、そこら中に根をはりめぐらす火種を抱えて、痩《や》せ果てた赤い大地の悲鳴が響いている。

支援として何をしていくべきなのか?

識字教育、緊急医療支援、植林、薬草調査、私が関わっていない時期も含め、RFJでは様々な支援活動を継続的に行ってきた。特に植林に関しては多くの方が関心を持たれる。植林といっても、保護区内の不法伐採跡地に森林の再活性化という名目で、伐採されたものと同種の苗を植えることにとどまっており、森が増加しているわけではなかった。何もやらないよりは格段に効果はあるはずなのだが、信じられないほど急速に、そして大規模に進む開発にどうやって立ち向かうことができようか。

現状の植林活動から一歩進むために、二〇〇八年の視察では、トラスト運動を考えた。アマゾンのジャングルは生物多様性に富み、人の手が入る余地などなく、絶妙なバランスで息づく奇跡の森。そんなシングーの周辺には、牧場や畑となった個人の所有地にポツンポツンと小さな森がまばらに残っているところもある。荒廃地を植林するよりも、残存する森をトラスト運動として購入し、保全するという意図であった。

実は二〇〇八年にこのトラスト運動を視野に入れて、シングー保護区近郊の牧場主のところを訪ね、土地の値段を調べたり、調査を進めていた。その矢先に舞い込んできた自然発火の話。

支援者の方々から寄付金を集めて森を購入しても、現場を定期的にパトロールしたり、管理をすることができるのか。もしくはブラジルの法制度の変更で、保全が難しくなるかもしれない。そういうことは以前から懸念《けねん》はしていたが、それ以前に自然発火が生じて森林火災が起きたらどうなるのか。プロジェクト資金は限られている。

守れる保証よりも、不安要素の方が多いままの状況で、進めることはできない。現状でのトラスト運動の開始、植林の継続により、私たちは胸を張って十年後、二十年後まで森を守っていくということを全うできるのか。その答えは「ＮＯ」だ。

そのため、植林は今後の継続を見合わすこととし、トラスト運動の開始も時期早尚と判断した。今はまだ、その下準備として自然発火から森を守ることが最優先。この年から始めた薬草調査は、希少植物の減少が危惧《きぐ》される中、意義あることとして、継続することとなった。そのときが来たら、もっと森を増やすような活動ができたらよいと願っている。

クイアバを後にして小型乗り合い飛行機でスィノッピまで飛び、そこからタクシーをチャーターして、ラオーニとメガロンのいる町、コリーダへ向かった。ＦＵＮＡＩ事務所でラオーニ、メガロンと一年ぶりの再会。ラオーニは年々元気になり、メガロンも笑顔で迎えてくれた。ジャングルには入れないけれど、インディオたちに会うとホッとする。インディオといると、なんでこんなに居心地が良いのだろう。

カヤポのリーダーたちに、パウロ氏が辞任したことなどを確認し、ＲＦＪの体制の変化をわかりやすく、ゆっくりと何度も説明した。

彼らは部族ごとに異なった言語を持つ。部族の数だけ言葉があると考えても良いだろう。現在は、ポルトガル語を話せる人材が各部族に必ずいる。また、教育プロジェクトにより若者たちはポルトガル語を習得している。ミーティングで研子さんはできる限り自分の言葉でポルトガル語を話すが、足りない分は、ブラジル人スタッフがいた当時は、ポルトガル語―英語―日本語にしていた。どちらにしてもインディオとの交渉は「シンプルに、ゆっくり、何度も」これが鍵《かぎ》のようだ。

それから同席していたメガロンの息子、パイムと話す機会があった。彼は私と同じ年くらいだが、どっしりとしていて、周囲に惑わされない雰囲気を持っている、期待できる人材だ。

それよりも今、彼らカヤポ族の一番の関心ごとといえば、シングー川の中流域から下流域にほど近いところで計画が進められている巨大ダムプロジェクト、ベロ・モンチ水力発電ダム計画であった。

シングー川は南から北へ、地図で見ると下から上へ向かって流れ、アマゾン川と合流して大西洋へと流れ着く。このブラジル以外にもアルゼンチンからはアンデスの雪解け水が、ペルー、コロンビア、ベネズエラなどから様々な河川が長い旅を経て集まり、この大アマゾン川へと続いていく。シングー川もジャングルに育まれた源流である小さな小川から始まり、徐々に河幅を増やして北上していく。今となっては境界線が引かれてしまったものの、保護区に隣接している建設予定地は、カヤポ族が古くから聖地として大切しているところである。

ダムが建設されれば、シングー川の本流が大きく蛇行している「シングー大蛇行」と呼ばれるこの蛇行部分、全長およそ百キロに及ぶ大河は干上がり、前代未聞の環境破壊が起こることは必須だ。このときはまだ情報がまばらで、実態がよくわからなかったが、動きがあるときはすぐに連絡するようにとメガロンに話した。また一つ、頭の痛い出来事が不気味に動き出そうとしている。

「我々は精霊とともにある。今後も研子との関係は何も変わらない」

コリーダFUNAIにて。
（中央がメガロン）

小型飛行機で移動する。

パウロ氏がやめ、ＲＦＪの体制が変わったことを受けてメガロンはこう答え、他のリーダーたちも同意した。

　まるで黒い影が増殖していくように、日々その規模を広げる開発、その森林伐採による自然発火に加え、巨大ダム建設計画。インディオは貨幣を使わない森での暮らしをしてきた。しかし今、その生活を続けていくためには外に声を上げなくてはならず、森を守っていくためには貨幣が必要だ。この大地で昔ながらの生活を続ける、そんなシンプルなことがこんなにも困難になっている。同じ人間が、私たちの社会が、彼らをこういう状況に追いやっているなんて、悲しすぎる。

　コリーダのホテルに戻ると、昨年カポト村で看護婦さんとして私たちの滞在を大いに助けてくれたサンドラが、隣町からわざわざ数時間かけて、研子さんに会いにきてくれた。一年ぶりの再会にお互い興奮し、つもる話をして楽しい時間を過ごした。

少ないお給料でありながらも過酷なジャングルの村に滞在し、命をはって親身になりインディオと向き合う彼女のような看護婦さんたち。軽視されがちな現場だが、本来は一番大変で、尊敬すべき仕事であると私は思う。立場は違うけれども、私たちを突き動かすものは同じだ。皆インディオとジャングルに魅《み》せられた。

メイナク族と研子さん、十年ぶりの再会

コリーダを後にした私たちは小型機を引き続きチャーターし、シングー川上流域の人々と会うため、保護区の南に位置する町、ガウシャ・ド・ノルチに飛んだ。今回の視察の最終目的地だ。ちょうどコリーダに滞在していたワウラ族のカミハンが通訳として同行してくれることとなった。彼女はポルトガル語も堪能《たんのう》である。

私は中流域に集落のあるカヤポ族やジュルーナ族、スヤ族以外の人々に会うのは初めてだった。部族ごとに多少の類似はあれど、文化や性格、気質もだいぶ異なる。写真では何度も見ていたけれど、どんな人たちなのだろう。

コリーダの町を離陸し、六人乗りの小型飛行機は徐々に高度をあげていく。しばらくすると

保護区の上空を飛行する。今年は降り立つことのできなかったシングー保護区のインディオ村。広大な緑の海を見つめながら、状況が改善し、美しいジャングルがこの姿のままであってほしいと、祈らずにはいられなかった。

保護区を通り越してから、ガウシャの町に近づくと、再び幾何学的な模様のように四角く区切られた、開発地の無機質な景色が見えてきた。

一時間ほどの飛行であるが、トイレの近い私は離陸前に何度お手洗いに行っても、離陸して五分くらい経つとすぐにもよおしてしまう。「用足しはできない」と思うほど、私の体は逆の作用をする。移動の朝は水分を採らないようにするのだが、どうにかならないのか、ちょっと悩んでいる。赤土の滑走路に降りると、リュックに入れてあるトイレットペーパーを片手に、一目散に茂みを探しに行った。

ガウシャの民宿で一息していると、続々とメイナク族の人がやってきた。通訳のカミハンはワウラ族だが、メイナク族とは村も近く、言語も似ている。例えばメイナク族の「暑い」は「クラタワカパイ」。一方ワウラは「ニャアタワカパイ」。語尾にたくさん「パイ」がつく彼らの言語は、とても愛らしい。

私は初めての、そして研子さんは十年以上ぶりの人々が顔を出す。中でも日本に来たことのある、精霊と交信しながら絵を描いていたカマラと研子さんは、涙の再会となった。研子さんがずっと願っても叶わなかったシングー川上流域の人々との再会がやっと果たされた。

メイナク族の長老、ユムインにも初めて会った。カヤポ族の男性は長髪なのだが、こちらシングー川上流域の人々はきれいなお椀カット。首が太くて上半身が分厚く、ずんぐりした体型の人が多い。ユムインもそのようなたくましい体で、優しいけれど頑固そう。

ユムインの弟でメイナク族の偉大な呪術師の一人であるムナインも来た。目がギョロっとしていて、眼力が強く、目の奥で全てを見ているような顔つき。一言話し出すと、ユーモアに溢れた明るい人だった。

淡々と、なるべく感情を除いて、この十年間、なぜシングー川上流域を訪れず、カヤポ族ばかりの支援になっていたかということ、これからはまた訪れたい意志があること、ＲＦＪの体制が変わったことを皆を前にして研子さんが説明した。

ほぼ二十年という長い年月を、パウロ氏と共に歩んできた研子さんは、複雑な想いがないわけはない。私でさえ、五年ほどであるが、嫌なことばかりではなかったし、命をかけて活動をした上司の一人であるのだから、狐《きつね》につままれたような気持ちで、信じられないこと、とても残念に思うことがたくさんある。

感情の溢れそうになる研子さんをムナインは抱きしめると、

「精霊は全てを見ている」と言った。

ミーティングを終えて、民宿の中庭でコーヒーを飲んでいると、町役場で働きながら、インディオと仕事をしているシジニーさんというブラジル人男性が、研子さんのことを聞いて訪ねてきた。物腰が柔らかく、私たちを気づかいながらゆっくりのポルトガル語で、彼がメイナク族から始めた養蜂プロジェクトについて熱心に語ってくれた。とても興味深い内容で、連絡先を交換し、情報を送ってもらうことにした。二〇一〇年からこの養蜂プロジェクトは、ＲＦＪの主軸となるプロジェクトとなった。

サンパウロからブルーノがトヨタのジープで、ガウシャまで迎えに来たので合流し、そこからは陸路でブラジリアまで戻ることとなっていた。出発の朝、ユムインが家族を連れて来た。十年以上前にメイナク族を訪れた際、生まれたばかりという孫の「ケンコ」ちゃんはもう九歳になっていた。ダブル研子で写真を撮った。

ダブルケンコちゃん。

今のメイナクの現状をユムインが小さな声で話した。メイナク族の村は二つに分かれてしまい、二〇〇〇年のテレビ番組「森の哲学者メイナク族」の取材で女優の坂井真紀さんも訪れたあの村は、今はもうないという。町の近くに一つと、もう少し奥にユムインが長老をつとめる古い村があるらしい。村が別れて移動してしまったことについては少々残念そうであった。過酷な森での労働により膝《ひざ》が痛い、というので持参していた湿布を貼ってあげた。気持ちいいとニッコリとしていた。

「昔は生きるための森での仕事を学んでいたが、今は文字を覚えることをして、生きるための仕事を知らない若者が増えている」

開発による周囲の変化に対応するために、確かにポルトガル語は必要となってくる。しかし、それを習得することは、自らの文化を引き継いでいくこととは相反する。私たちが介入できない村の人間関係にも、開発の影響は及んでいく。研子さんが初めて行ったときと今では、インディオたちの暮らしも大きく変わった。状況によりプロジェクトは必要である、しかし本当は彼らのそのまんまの生活が、森では一番素敵で、合理的なのだ。

背筋の凍るできごと

再会や新しい出会い、想像もつかなかった現状など、色々な情報が頭をめぐる。ジープに乗り込み、再び土道に揺られながら、この旅を何となく振り返っていた。

道中、たまに動物に巡り会う。とはいえ、本来は彼らの住処《すみか》だったところなので、いない方がおかしいのだ。私たちが普通に暮らしていたら突然ブルドーザーで、家から何から崩されたようなものだ。言葉も通じない、わけもわからない異種の動物に。

そう、あのときいたのは鳥だった。だだっ広い、作物が広がる黄色い畑に赤い道の二色だけの風景の中、小さめのダチョウのような鳥が数羽、ふわふわのお尻を振りながら歩いていた。エミュ、というのだろうか。

「あ！　鳥だよ！」あまり間近で見たことのないその鳥に興奮した私は声をあげた。すると、運転していたブラジル人スタッフが言う。

「なんだ…あれ…」

「鳥だってば、ト・リ！」返す私。

そういいながらもスタッフは鳥の方など見ておらず、前方に釘付けになっていることに気づいて、私も視線を進行方向に向けてみた。一気に背筋が凍りついた。

遠くの道の両脇に、五人ほど立っている。車が一台。どうやら停車しているように見える。全員黒ずくめの服を着ている。

少しずつ近づくと、どう見てもその五人全員がライフル銃をしっかり構えている。標的は…そう、私たちの車だ。すぅーっと血の気が引くような感覚になった。徐々に距離が詰まって行く。すると、一人が道の真ん中に出て来て〝止まれ〟の合図をした。もちろん全員しっかりと銃を構えて、引き金に指をかけたままだ。

服装からは警官のように見えるが、この国のこと、本物かどうかなんて、ひと目見ただけじゃわからない。エミュを撮ろうと思って手にしていた一眼レフも、目立つと危ないと思い、急いで足下のかばんの中に押し込んだ。

車を止めると、〝降りろ〟という手招き。ドアを開ける。炎天下のムワッとした空気、赤い砂埃《すなぼこり》。変な汗がじわっと出る。

車から降りて少し離れると、私の動きと同じようにライフルの銃口もしっかりと後をついてくる。私たちは四人。ライフルも四人分、一人に一つずつ向けられている。

「手を挙げて」両手を直角にあげると「頭の後ろで組め」という。映画みたいだ。

ドライバーであったブルーノは身分証の提示を求められ、おなかなどに武器がないか洋服の上からチェックを受けている。その様子を見ながら、(発砲されたら下にしゃがむか、横に頭をずらすか、いや、念のためブルーノと重なる位置に立って、彼を盾《たて》にしてしまおう)と、どうでもいいことが頭を巡っていた。

すると、頭の後ろで手を組んだまま研子さんがペラペラとしゃべりだした。

「私は日本人です！　パ、パスポートもありまス！」

黒ずくめのこの集団。ユニフォームには一応軍警察と書いてあるけれども…。どうやら本物の警官らしい。トランクを開けろ、と指示されたので荷台を開ける。私たちのカバンは全て、激しい砂ぼこりから守るために真っ黒なゴミ袋でしっかり覆《おお》っていた。だから、開けた途端、怪しい黒い物体がごろごろ出て来た。

「こ、これは私のかばんなんです！」すでにライフルの銃口を地面に下ろした警官たちは逆にクスクスと苦笑いさえしている。

「落ち着いてください」

警官が必死になる研子さんを諭《さと》しているほどだった。あんなにしゃべれるなんて、さすが余裕だなぁと思っていたら、後で聞くと動揺のあまり、たくさんしゃべってしまったらしい。とにかく、本物の警官でよかった。

ひとまず私たちの疑いは晴れ、旅を続けることとなった。数時間後に到着した町、カナラナでお昼を食べていると、偶然レストランで軍警察のグループに会い、ことの真相を尋ねることができた。

警官があそこで私たちを狙ったのは、ちょうど近くの町で銀行強盗があったからだという。犯人は十数名おり、彼らは金を盗んでからこの周囲の幹線道路に逃げた。そして、出会った車を止めて、運転手や同乗者を降ろし、その車に乗り換え、今まで自分たちが乗っていた車は燃やして、逃げ進んでいた。それを六回も繰り返し、最後に乗った車が、私たちと同じトヨタの

地平線まで広がる牧場。他に視界をさえぎるものは何もない。

ハイラックス・サーフだったようだ。T字路にぶつかった彼らが逃げ進む道は北か南しかない。その両方で網をはっていて、私たちがそこにちょうどひっかかった。よりによって同車種で。

その窃盗団というのが森にアジトを作り暮らす、男女の集団というから驚いた。そうやって森に逃げて生活しながら強盗を繰り返し、お金を稼ぐのだろうか。

「運が良かったたな。これで出くわしたのが我々ではなく、強盗だったら今頃炎天下の下に置き去りか、あるいは命があるかさえもわからない」

と、話してくれた警官に言われた。彼らの言う通りだ。生まれて初めて銃を、しかもライフルを突きつけられたが、もうこんな思いはこりごりだと思った。

何はともあれ今回も無事にサンパウロに戻ることができた。アマゾンの神々にまた守っていただいた。ホールドアップ事件のときはどうなるかと思ったが、とんだ土産話ができてしまった。実は、この話は帰国後も、家族には心配されると思って一度も話したことがない。今これを読んで、びっくりしていることだろう。無謀な娘で（妹、孫でもある）心配ばかりかけてごめんなさい。

サンパウロに戻ってから良いニュースが舞い込んだ。ＲＦＪの二十年以上におよぶ活動で集まった、今や希少価値のある大量のインディオの生活から生まれた工芸品を、故オルランド・ヴィラス・ボアス記念館がこのほど建設予定だということで、氏の財団に寄付し、そこに展示して頂けるという。ヴィラス・ボアス三兄弟は、一九六〇年代に、インディオの接触官としてジャングルに入り、初めてカヤポ族と接触し、その後も常にインディオを尊重し、彼らの立場に立ってシングー地域に貢献した。

工芸品寄贈のためのリスト作成や整理などに追われ、二〇〇九年九月、視察の旅を終えた。

大きな使命を背負って

九月に視察を終えて間もない、二〇〇九年十月三十一日。私は一人で急遽《きゅうきょ》再び、ブラジルに向かった。サンパウロのグアルーリョス空港に着き、国内線乗り継ぎの手続を済ませてから、ひとまずカフェでオレンジジュースを飲み、辺りを見回した。

ぼんやりと坐っているとまだ日本を出た実感が湧かない。ブラジルに来るのも六度目になったからだろうか。このサンパウロからさらに二時間ほど飛行をすると、ゴイアス州の州都、ゴイアニアに着いた。着いた喜びよりも、ただひたすら体が重たく、空腹だ。

出迎えてくれたスタッフと軽く昼食を済ませ、水などをスーパーで買い込んで、ようやくホテルにチェックイン。スタッフとの会話もそこそこに、夕方迎えにきてもらうことを約束し、ホテルの部屋で一人休むこととなった。

見慣れたはずのブラジルの景色。パタンとドアを閉めて、いざ一人になると、何となく手持ち無沙汰で、何をしてよいのやら…。レンガ色の建物の間に木々が茂り、オレンジ色に近い日差しが、斜めに昼下がりの窓辺に差し込んでいる。心地良い風が部屋を抜けた。明らかに日本とは違う空気の匂い、湿度、光の色。初秋だった日本と、もうすぐ春を迎えるゴイアニア。窓のところへ椅子を持ってきて、外を眺《なが》める。ブラジルのホテルに初めて一人で居ると、逆にこの状況に現実味がない。研子さん抜きのブラジルは、見慣れた国の全く〝変な感じ〟に包まれていた。

そもそも、私が今回ブラジルに派遣されることになったのは、巨大ダム計画、ベロ・モンチ水力発電ダム建設計画に対し、いよいよインディオが抗議行動を始めたからだ。その現場でムーヴメントの中心人物である、カヤポ族のメガロンに会い、状況を把握することが目的であった。

抗議集会の始まりとして、続々と各部族の人々がシングー先住民国立公園の境界にあるポスト・ピアラスに集結しているという。私が到着した十月三十一日の三～四日前から、すでに十部族以上に渡り、かなりの人数が集まっていると聞いた。もちろん長老ラオーニ、メガロンや、各部族の主要メンバーも含めて。

私の胸は緊張でいっぱいになった。あのインディオたちが今、ダム建設から森を守ろうと、これまでにない規模で一つになり、集結している。その緊迫した場に私が行って、何ができるだろうか。研子さんもいない。私の顔を知らない人がほとんどだ。

ピアラスに集まってから、インディオはブラジル政府に同じ机に座ることを求め、エネルギーを管轄《かんかつ》する省庁の大臣及び当時のブラジル大統領ルーラに声明を発表した。しかし、彼ら政府サイドは相変わらずこの申し出をボイコットするつもりである。

政府は政府で反インディオ体勢を固めている。固めているというより、そこまで力まずに権力とお金で思うようにすることなど、彼らには容易だろう。

「数人のリーダーを金で釣れば、簡単だ」こんな言葉が交わされたという話も聞いた。時代錯《さく》誤《ご》なことが、まだまだまかり通っている世の中。いつまでこんなことを続けるのだろう。自然はおろか、人間の命も尊重せずに「環境負荷の少ない水力発電ダム」だなんて、それならなぜインディオたちと向き合えないのだろう。

カヤポ族リーダー、メガロンは今、ポスト・ピアラスに多くのインディオとともに集結し、抗議行動を引っぱっている。私たちのいるゴイアニアからピアラスまでの距離はおよそ千二百キロ。車を飛ばしても、アスファルトは半分しかないので、少なくとも三、四日はかかる。それを十日以内に往復するのは体力的、時間的にもツライ。

地図を前に、意見交換をしていると、スタッフの携帯が鳴った。カミハンだ。カミハンはメガロンの前の奥さんで、ワウラ族族長アタマイの娘。三十代後半だがすでに六人の子どもを育て上げ、今はシングー川中流域近郊の町カナラナに、カマユラ族の男性と再婚して暮らしている。村を去り、町に暮らすインディオの一人ではあるが、文明社会の感覚もよく知っているので、パイプ役にもなっていた。

「え？　もう？」カミハンと話すスタッフの表情が変わる。

インディオたちはピアラスに集結したものの、政府の反応が全くないまま六日が過ぎていた。その日はもう十一月三日。政府の返答を待つには、十分すぎる日数が経過していた。インディオたちはそれぞれの集落に戻り始め、抗議行動は次の動きに形を変えていくという。

ピアラスの抗議集会。

集会で演説するラオーニ。

抗議集会で踊りを踊るインディオたち。

彼女によると、集まったインディオは、およそ十五部族ほど、総勢三百人以上。シングー先住民国立公園の面積は日本の約半分という広さなのだから、集落からピアラスに集まるだけでも、どれだけ大変か想像できる。

ブラジル政府によるインディオたちへの対等でない政策。流れ込んでくる文明社会の影響と森林破壊が、インディオのコミュニティに直接ぶつかり、彼らの文化、アイデンティティの根を引き抜こうとする。

ダム建設という出来事は、彼らの未来を揺るがすことであり、それは彼らのみならず、地球に暮らす私たち日本人を含む全ての人々に問いを投げかけるものでもある。

皮肉にも、そのような出来事に対抗することによって、インディオは一つになり、部族を越えて結集し、九十歳近い長老ラオーニが久しい人との出会いや、ここまで多くのインディオが集まったことに喜び涙した。

「間に合わなかった…」次の行動がどこにあるかを見失い、戸惑った。しかし今、このホテルからの陸続きにメガロンが、ラオーニが、そしてインディオがいる。アマゾンの森と精霊たちがいる。そんなことを考えていたらメキメキと元気が出て来た。

冷静に考え直す。メガロンは抗議集会を終えたら、FUNAI事務所のある町、コリーダに戻るという。コストを考えれば車がいいが、コリーダまでは車で行ったことはない。道路状況も知らないし、頭で計算してもその距離から五日はかかるだろう。

「コストを押さえるために、お金のことを気にしすぎて、絶対に無理だけはしちゃダメだよ」

研子さんがいつも言う。出発前にも言われた。

「パイングリ、無理をすると後で文句がでるか、文句ならまだしも、それで何かが起きて命を落としたら元も子もないよ」私は自分の身を自分で守らなくてはならない。

他の手段も想定し、色々なところに電話をした結果、カミハンと話し合いをするためにカナラナまで車で行き、メガロンのいるコリーダまでは小型飛行機で往復することにした。

旅程の詳細を詰め、インディオのためのプロジェクト資金や旅の経費を封筒に分けて、やっと買い出しに出かける。明朝には内陸への旅が始まる。もてあましていたホテルの部屋で過ごす時間も徐々に慣れ、毎日の電話連絡で研子さんにも旅の計画を報告した。

「大丈夫。毎日エネルギーを送っているよ。ちゃんと考えて決めたならそれでいい。とにかく気をつけてね。それから、毎日スタッフの携帯に電話するから」

ちょうどこの頃、個人的にとても落ち込む出来事があった。単独でブラジルに来て、ただでさえ気張るときなのに、公私ともに私の頭はパンパンで孤独だった。スタッフには何事もなかったように笑顔を装っていたが、内陸へ出発するまで、精神的な疲労と緊張で食事もろくにできず、眠れぬ日が続いた。

そんな状況でありながら、この現地視察、今思えば不思議なことに、全くもって私一人の力で動いていたのではないと確信できるのだ。判断力、決断力、行動力、そして体力。倒れてもおかしくないのに、体がだるいことは一度もなかった。あのときの私は、明らかに研子さんと、心配しながら応援してくれた家族、日本の支援者、署名運動をしてくれた人々、その「想い」で動かされていた。そういうエネルギーの塊《かたまり》がコンセントのように私に直結していたのだと思う。

ダム建設反対運動の中心へ

十一月四日朝九時。私とブラジル人スタッフの二人はジープに乗り込み、ゴイアニアを出発した。ひたすら車を進ませ、夕方にはバッハ・ド・ガルサスの街を通過した。

ここは、アラグアイア川を中心に広がる街で、多くのバーやレストランで活気に溢れ、川岸のビーチは余暇を楽しむ観光地となっている。かつて、ここ一帯にはシャバンチ族が暮らしていた。街に入る手前にあるモルテス川（死の川）を渡ると、本流のアラグアイア川にぶつかり、市街地に入って行くという地形だ。

なぜこんな名前の川があるかというと、この地まで入植者が辿《たど》り着いたときに、シャバンチ族と衝突し、多くの人が戦いで命を落とし、この川は真っ赤な血で染まったという。その歴史から、モルテス川＝死の川と名付けられた。

街からちょっとはずれたところにセッハ・アズウ（青い丘）という、小高い丘がある。そこからはアラグアイア川と、その川岸に広がるバッハ・ド・ガルサスの街が一望できる。数年前にここへ登ったとき、川に沿ってキラキラと光る夜景を見て、夜景がきれいなどとは到底思えなかった。

（かつてはジャングルだけで、シャバンチ族の人々が暮らしていたのかな）そう思いながら、心の中で一瞬、蛇行した川のかたちがシングー川と重なった。文明の波はこうやって押し寄せていくんだ、とゾッとした。頭の中の嫌な映像を消し、命を落としたシャバンチの人々の冥福《めいふく》を祈った。こんな歴史は二度と繰り返してはならない。

翌十一月五日の昼頃、やっとカナラナに着いた。カミハンに連絡をし、遅めの昼を一緒に食べながら、さらなる情報を得ることができた。

一夜明けた早朝、シングー国立公園上空を小型機で一時間半ほど飛行し、コリーダに到着した。オンボロなFUNAIの乗用車で滑走路からホテルまで移動する。砂埃《すなぼこり》が窓から暑い車中に入り、容赦なく舞う。濡《ぬ》らしたタオルで口をふさいだ。

コリーダの町は、カナラナよりも蒸し暑く、日差しも強く感じた。シングーとほぼ同じ位置であるから、気候も似ているはずなのだが、森林がないとここまで町は暑くなり、バイブレーションも変わってくるのかと思う。

森を壊して作られた町は山ほどあるが、抗議行動が始まった今、開発者の欲、インディオたちとその背後にいる精霊たちの声が交差し、シングーと開発地の間に位置するコリーダは特に雰囲気が重く感じた。

午後、ＦＵＮＡＩの事務所に着くとメガロンが忙しそうに、実務に追われていた。一連の反対運動を動かしている彼は、ひどく疲れていた。目の下に疲労感がどっしりと表れている。そんなメガロンを前に、真っ先に研子さんからの伝言を伝える。

「ベロ・モンチにはもちろん反対で、助けたいと思い、パイングリをここによこした。毎日アマゾンの精霊とコンタクトをとり、メガロンにエネルギーを送っているよ。体に気をつけるように。それから、日本でもブラジル政府に提出する為にダム建設を見合わせるよう、署名を集め始めているから」少し彼の表情が和らぎ、ウンウンとうなずいた。

ピアラスの抗議集会でのメガロン。

メガロンはどんなに真面目で堅苦しい話より、夢や精霊の話が好きで、研子さんとそういう話になると、聞き漏《も》らすまいと少し身を乗り出して一生懸命聞く。

今でこそ政治的な役割を担い、外部とのクッション役になり、多忙な日々を送っているが、本当は誰よりも文明に関心がなく、物欲もなく、森の中でのんびりと、インディオの暮らしをしていたい人なのだ。そんな彼の人柄が垣間《かいま》見える度に、やるせない気持ちになると同時に、少しでも力になりたいと思う。

ピアラスでの抗議行動の始まりを聞いたとき、研子さんはすでに講演会などの予定が入っており、東京を動ける状況ではなかった。そのため、私がブラジルに派遣されることとなった。ベロ・モンチに反対するということは、資金的な援助が欠かせないことは理解していたし、何よりも守るものと破壊するものという二つの立場がある中で、私たちがどちらに進むか、メガロンに日本の意志を伝えることも重要だった。

本題に入る。いくらかは物資支援をしていたのだが、さらなる資金不足が活動の動きを鈍らせているとメガロンは言った。予測はついていたものの、想像以上に大きい金額だった。私の判断で渡せる額をメガロンとの話し合いで決め、残りは研子さんに相談しなくてはならないと説明し、頭を抱えて渋い顔をするメガロンに、どうにか納得してもらった。

政府に立ち向かうインディオは完全に不利だ。この先どう動いていくべきなのか？　何が良くて何が悪いのか。役目は達成出来ているのか。ここでできることは他にないのか…巨大な壁にぶつかり、私の頭はいっぱい。とにかく混乱していた。私の個人的なことなど全て吹っ飛び、この状況の中、興奮と緊張でどっと疲れた。

ミーティングの後、メガロンから抗議集会の写真データをもらった。切迫する状況だというのに、デジカメで撮影した写真を再生しながら、集会で踊るカヤポの人々を見て「あ、これは自分だ」「ウヒヒ」などと笑い合うメガロンとインディオたち。

私がぶつかったと思った壁など、彼らにとっては日常茶飯事。それほどに明るく、強くたくましくいられるは、森での「生きる」ことに直結した暮らし、多くのつらい経験、その中で人間としてブレない芯《しん》が培《つちか》われているからだと思った。

暗雲立ちこめる私の心とコリーダの町

抗議行動はピアラスでの決起集会を終え、分散しつつ形を変えて続行された。ピアラスから、長老ラオーニはダム建設予定地の近くの町、ヘデンサウンに向かった。ヘデンサウンで祈りを捧《ささ》げるのだと言う。また数部族から選ばれたリーダーや女性リーダーが同じく建設予定地に近い都市、アルタミラ市へ建設を撤回する要望書などの書面を提出しに、首都ブラジリアへも大臣ロバォン氏との面会を要請するために、二手に分かれて動くことになったという。

インディオにとって、シングー国立公園の外は異国も同然。全てにおいて貨幣が必要となる文明の世界。その時点で政府とインディオに対等な立場などない。しかし、インディオはブラジルの中で生きていくしかない。私ですら、ブラジル人スタッフとの仕事を通して、日本とは文化も価値観も歴史も違う国で動くことのストレスや悔しさを何度も痛感してきた。

しかし、メガロンをはじめとするインディオが、最初に向き合わなければならないのは、このブラジルという国。自分たちの声をくみ上げてもらえることはない。一人での旅を通じて、初めてそういうことに気づいた。彼らの日常には、私がぶつかったと思った壁の何十倍も大きいものがいつも伴っている。それはどんなに大変なことだろう。疑問と葛藤《かっとう》の絶えない日々。強く明るくならなくては、生きていけない。

ベロ・モンチはここまで巨大なプロジェクトであるにも関わらず、このときはまだ世間の目があまりにも少なかった。抗議集会に関しても、グリーン・ピース、コンサベーション・インターナショナルとＩＳＡ（ブラジルのインディオ支援ＮＧＯ）などの団体が取材に来たが、その報道は一部のネット上に留《とど》まった。どれも大きな組織であるが、資金的援助に関しては、ブラジル政府への内政干渉にもなり兼ねないので、極めて消極的であったように思う。

何かが世間に表出したとき、立場を貫くことと、引いていくことができる。しかし、ＲＦＪはインディオを信頼し、後ろに引かず、多少の危険を伴っても一歩を踏み出して、支援する道を選んだ。そのため、メガロンに、

「もしブラジル政府との間で何か起きたら、必ず研子を守って。私たちはインディオの力になりたい」と、しつこいほどに念を押した。

翌朝、もの凄い豪雨と雷の音で目が覚めた。バケツをひっくり返したようなどしゃ降り。雷がゴロゴロと唸《うな》っている。厚い雲に覆《おお》われ、薄暗くなったホテルの部屋で研子さんと連絡をとったり、会計を処理したり、事務的な作業に追われた。

暗雲立ちこめる空は、晴れない状況と、私の気持ちそのものだった。そして、カヤポ族の大精霊、ベップゴロロティも、共に怒っているのだと思った。

任務を終えて

やるべきことを整理し、天気の回復を待ってカナラナへ、そこからさらに陸路でゴイアニアに戻るため、仕度を整えた。長く感じたコリーダの滞在を終え、滑走路から小型機が空中に浮いた瞬間、ふと何かが楽になった。カナラナに着いたら再びカミハンの家を訪れ、彼女やカマユラ族の女性呪術師でリーダーでもある、マプルらが女性自立のプロジェクトを立ち上げようと考えている、というので話を聞くこととなった。

これはシングー川上流域に暮らす部族の女性による、女性のための経済的自立を目指すプロジェクトだという。貨幣経済の波はじわじわと彼らの社会にしみ込んで来ている。また今回のような反対運動にしても貨幣がないことは、彼らの行動を制限することになる。

「男たちだけではなく、私たちも立ち上がり行動しなくてはならない」女性は工芸品製作という技術を持っている。それをフェアトレードで販売することは、経済的自立のみならず伝統文化保存の機会にもなる。夫と死別したり、別れて子どもを一人で育てるインディオの女性もいる。そういう女性がチャンスや自信を得られる場にもなる。

町に出る機会は男性に比べてほとんどない女性たち。しかし、村での暮らしが長いからこそ、見えてくるものがある。彼女たちの訴えは「今」ジャングルで起こっていることに対する生の声。まだ組織というほど進んでいないが、マプルやカミハンのやりたい、という気持ちが何より大事だと思った。この話は研子さんに持ち帰るので、来年の視察では、マプルのいるカマユラ村に行ってより多くの女性と話し合おうということになった。

ゴイアニアへの帰り道、車の後部座席にはカミハンの父であり、ワウラ族の偉大なる長老アタマイから、「研子に」と彼が制作した水の精霊シャプクイアワの、大きな儀式用マスクが旅のメンバーに加わり、外を眺《なが》めている。

一年経過するごとに、道路状況は少しずつ改善され、舗装道路が延びる。乗っているものとしては、楽になり良いことなのだが、開発がその勢力を強めているということでもある。ジャングルと町の距離が縮み、森林が少なく、近くなる。そのスピードは徐々にではなく、オセロで白と黒がひっくり返るように、急速に開発地が広がって行く。

ゴイアニアに戻ってからスタッフと雑務をこなし、別れを告げて、間もなくサンパウロに移動した。サンパウロではいつもお世話になっている清水ひろみさんのお宅にお邪魔した。心身ともにヘトヘトになった私を笑顔で迎え、すぐにうどんを用意して下さった。緊張が一気に緩み、溢れる涙を目いっぱいに浮かべながら、うどんを食べた。横でひろみさんが研子さんに私の到着を知らせる電話をしていた。

さっぱりした関係でありながら、心の底から研子さんが信頼している友人の一人であるひろみさん。旦那さんのお仕事で渡伯したまますっかりブラジルに住み、お仕事も始めて十年以上。料理の腕前は料亭並みで、華やかで、面白くてあったかい。こういう方々に私たちの現地視察は支えられている。何かがあれば一緒に考え、行動を共にし、彼女が立ち上げた「ブラジルを知る会」とともに、サンパウロでRFJの活動を親身になってサポートしてくれる人々がいる。

破壊する者とそれを守る者。その両方を同時に見せつけられた旅となった。東京に帰ってから、RFJの声かけによる、ベロ・モンチ水力発電ダム建設計画撤回を求める署名運動が、本格的に動いていた。署名用紙が封筒に入って毎日毎日事務所に届いた。郵便受けにおさまりきらない日もあった。

封を切って、広げて人数を数えて山積みにしていく。そんな作業がしばらくの間続いた。封筒を開けながら、コリーダでのあの重苦しい空気とメガロンやインディオたちの憤り、ブラジル政府の誠意のない無関心さ、旅で受けた色々な想いと「ダムを作らないで」という署名に込められた人々の明るいエネルギー、その全てがぶつかりあって、涙が止まらず、ボロボロ流れた。

こんなにたくさんの人がジャングルの緑のことを思ってくれている。署名の一つひとつからものすごい力と勇気が発せられていて、この作業は、私にとって今までにない貴重な体験となった。

最終的に一万九千四三九人の方が署名をしてくださり、これらを二〇一〇年一月にブラジル大統領府のルーラ大統領宛に送付した。

しかし、大統領府からは翌月に署名を受け取ったという書面が届いたのみで、彼らは特に計画を変更する気はないようだった。ルーラ大統領は、公約の一つに挙げているPAC計画（加速度的成長計画）の要ともなる、この巨大インフラプロジェクトを何としてでも押し進めたかったのだろう。そして、ダムができればここを中心に、幹線道路や、新たな街の建設など、大きな構想が広がっているのではないか。二〇一一年から、ブラジル初の女性大統領となるルセフ氏が就任したが、ベロ・モンチの計画は引き継がれている。市や町による裁判で二転三転するものの、政府はすでに建設現場設営をはじめ、二〇一一年四月からの工事着工は進みつつある。

果たしてそこに暮らす人々と動植物、河川を含む広大なジャングルを破壊して建設するほどダムは必要なのだろうか？　ここで失うものの代償を、人間の手で元に戻せるのだろうか？

政府に対抗しようと正面からぶつかっては、粉砕《ふんさい》されてしまう。大きなことをするのも大事だが、まずは私の内にジャングルの広がる風景を描き続け、インディオたちにがんばれ！　とエネルギーを送り、くじけないことを心に固く持っている。信念は自由だ。そして、この内なる映像というものは想像以上に力のあるものだと、アマゾンの活動を通して実感している。

今回の旅を終えて、一番簡単で最初に始められることを聞かれたら、明確に一つ答えることにした。それは「延々と緑のジャングルが広がる景色をイメージしてください」と言うこと。人の想いは磁石みたいなもので、引き寄せられ合う。だから、私の中にもインディオと同じようにガッチリした自分の磁石があれば、同じ方を向く人たちが吸い寄せ合い、何かを動かしていけると思っている。

ビキーン!!
あ、ありさん・・・
こんなにいっぱい
いらっさるとは〜〜〜
みかけネエ顔だナ。
シンラネ
ニホンって部族だろ
ザザザザー

第6章
シングー、奇跡の森に生きる人々

カマユラ

まるでノアの箱船をひっくり返したような、シングー川上流域のインディオがつくる家（マローカ）。小型飛行機の窓から、初めて見るマローカの大きさと美しさに感激し、思わず身を乗り出した。

二〇一〇年六月、今までカヤポ族の集落しか訪れたことのなかった私にとって、五年ぶりに未知の部族の村を訪れることになる。飛行機が、土の滑走路に着陸。

ガタガタガタ…。着いた！　今年もまた六度目となるジャングル生活が始まる。

喜びと緊張で興奮しながらも、きょろきょろと目を泳がす私。子どもはいいとして…。にことおじさんが握手の手を差し出してくれるのだが…この村はみんな素っ裸。驚いていない振りをしつつ、私の目線は相手の顔以下には動かせない。不自然な笑顔でこちらも返す。視線の位置に困ってしまった。

何人かとあいさつをするものの、うんともすんとも、カマユラ語が何一つわからない。「何ていうの？」のその「なに」さえもわからず、まるで宇宙人だ。小型飛行機から全ての荷物が降ろされると、インディオたちに手伝ってもらい、村の反対側にある私たちが滞在する家まで

カマユラ族の村。奥に広がるのは湖。

案内してもらうことになった。

旅の最初の滞在地なので、食料も何もかもたくさんあり、大荷物。二人がかりでも持つのが大変な食料の箱を、肩に担《かつ》いで歩いて行くインディオの男性。

三十キロはあるだろう大きなかばんを、ひょいと頭に乗せ、手は横に下ろしたまま、スタスタと歩いて行く女性。

な、なんてすごいんだ!! かっこよすぎる。

インディオに比べたら、小さくて、生っちろい自分自身が早々に恥ずかしい。そのうち自分の非力さに慣れて、恥ずかしげもなく何でもインディオにお願いするようになるのだが。

この二〇一〇年の現地視察は、日本から研子さんと私、そして視察のコーディネート、通訳からお知恵の拝借まで、全てをサポートしてくれる敏腕コーディネーターのアリセ長谷氏との女三人旅となった。

アリセは日本でも有名なアマゾンの動物、自然関係のテレビ番組のコーディネーターを手がけてきた。ドキュメンタリーからクイズまで、いつも内容のある番組に仕上げる陰の現地仕掛人。彼女と研子さんはテレビ番組の撮影で、何度か一緒にジャングルに入ったことはあったが、こうしてRFJ専属として付いてもらうのは初めてだった。

公共の交通機関を利用して行くので荷物もなるべく減らし、食料、食器類、ハンモック、毛布、村へのお土産と私たち個人の荷物をそれぞれ詰め込み、九つくらいのカバンにおさめた。これらを常に引き連れてサンパウロのホテルを出発。

ブラジルでは引っ越しにも長距離バスを利用する人が多く、バスターミナルには家財道具一式を運んでいる家族もいる。しかし、アジア人の女三人がこの大荷物でウロウロしているのはひと目を引くようだった。サンパウロやブラジリアなどの大都市を出てしまえば、シングーまでの道のりで、日系人すらあまり見ない。田舎町でブラジル人に奇異の目でジロジロと見られる日々を過ごしてから、ジャングルのインディオ村に入ると、一気になじんでしまう。村では蒙古斑《もうこはん》がマジョリティなのだから。

やっと覚えたカマユラのあいさつは「イッカットゥ」。ありがとう、もこれに当たる。丁寧《ていねい》に言うときは「イッカットゥ・ネコポイ」になる。猫、ポイ…。そして男性は「イッカトゥ・

ピリピリ」音がどちらもかわいらしい。

それにしてもカヤポ語と同じく、カマユラ語と日本語にも、たくさんの共通点があることに驚いた。ある日、コーディネーターのアリセが、彼女の大切な枕を一生懸命探していた。

「私の枕がないよ、まくら、まくら…」と日本語で私たちに話しかけると、インディオのおじさんがポルトガル語で答える。

「マクラ・モヘウ（マクラは死んだよ）」

「えっ⁉」一様に驚く私たち。

驚くなかれ、このカマユラにはかつてマクラさんという方がいらしたそうで、もう亡くなったようだ。マクラは人名だったのだ。これだけではなかった。人名にはカワ、モリ、ヤマ、タカラ、カヤ、聞いたことのあるものばかり。ちなみにこの中で、今でも村で生きているのはタカラさん。お互い同じ音の単語を探してはたくさん笑った。

女性たちとのミーティング

着いてすぐに女性たちとミーティングをすることとなった。十五人ほどの女性が参加した。名ばかりのグループは山ほどあるだろうが、具体的にアクションを起こしていくのは彼女たち

女性ミーティング。左から３人目がマプル。

にとっても初めてのこと。形だけで終わらせたくないので、マプルの意見を中心にどうありたいか、どうしたいのか目的や展望を聞いてみた。

子育てをしながらジャングルで暮らす女性たちは皆、この生活を子どもたちが大きくなるまで続けられるのか、という疑問や不安を持っていた。

どうにかしなくてはいけないという気持ちや高い志があっても、森での暮らしはやはり忙しい。それでも彼女たちを立ち上がらせるほど、状況は差し迫っているのだ。

「私たちは多くの工芸品を作ることができる」「原料となるブリチヤシなどを村の近くに植林している」「私はこんなのも作れる。こんなアクセサリーもある」

組織はないけど、やってみたいことはある。

しかし気持ちが先走っても、仕組みを作らないとまわらないし続かない。

ぱらぱらと散らばって出てくる意見に対して研子さんが答える。

「例えば工芸品を売るのでも、なぜ売りたいかを明確にしなくてはいけない。それを売って利益を得て、その利益を丸ごと作った人に渡すのでは、今までと同じ。何も改善しないし、それならグループを作る必要もない。工芸品を売ることは、森を守る活動資金を集めるためであることを、全員が理解しなくてはいけない。その上で、作ったものが売れたら、その一部は制作者に、さらに他の一部はグループに貯める、というシステムを築いていけると思う。森を熟知しているのはあなたたちだけなのだから、森を守ることができるのもあなたたちだけなのよ」

今後、マプルがグループを引っぱりながら工芸品を管理し、役割分担をして、お金をコントロールするところまでもっていかなくてはならない。あと数年はかかるかもしれない。滞在時間の限られた私たちができることには限界があるので、九割方は、本人たちの意志と行動にゆだねられる。最後にマプルが言った。

「今まで工芸品を売ることを勧めたり、買うことをしたブラジル人や白人はたくさんいた。しかし、こういう仕組みでやっていくことを提案してくれた人は初めてだ。カマユラの長老であり父であるタクマも、この大地は私たちとともにあるべきだと心配している。ジャングルには多くの薬草もあるが、どんどん減っている。私たち女も立ち上がらなくてはならない」

今後の展開はまだどうなるかはわからないが、どんな形にせよ少しでもマプルを中心としたカマユラの女性たちの力になれたらという気持ちは変わらない。

それにしても、アリセのお陰で日本語─ポルトガル語と円滑にミーティングが進んでいくので、ストレスもなくこんなにやりやすいものかと驚いた。大感謝である。

カマユラでの快適生活

カマユラの村に寄り添う大きな湖「マワォヤカ」。水を創造した精霊の名がついたこの湖は、古くから村人たちに大切にされ、彼らの営みを支えて来た。空から見るとエメラルドグリーンに光る水面も、近くに行くと湖岸の砂が透き通って見えるほど澄んでいる。

少なくとも毎日一回、多いときは二回、三回、水浴びに行った。カーッと暑い日中、タオルを頭にかぶって湖まで数歩。さえぎるものはほとんどないが、とにかく広いので、人がいたとしても遠くて気にならない。

小さな砂浜には、この時期に現れる黄色いチョウチョたちが、水を求めて群がっている。近づくと一斉に何百匹ものチョウが飛び立つ。ぶぁーっと舞い上がる黄色い花びらのようだ。ついでに隣のチョウの群れもバタバタと舞い上がらせて遊ぶのは南研子さん。桜吹雪ならぬ、黄色チョウ吹雪。

服を脱いで湖に入る。柔らかい水が包みこむ。仰向けになると、空しか見えない。

夕方になるとこの湖の端に、大きな太陽が沈んで行く。オレンジ、ピンク、赤、刻々と色が変化し、太陽が森の木々に接すると、湖面に色が反射して、世界が赤一色に染まる。太陽の反対側の空はいよいよ蒼《あお》く、夜がすぐそこまでやって来ている。この夕焼けのあまりの美しさに感激し、毎日見に行った。

真っ赤な夕陽とジャングルに至るまでの殺伐《さつばつ》とした真っ赤な土道は、美しく潤《うるお》う懐《ふところ》の深いジャングルと、その対極にある、激しく乾いた開発の現状を象徴する二つの赤であると思う。

ある暑い日の午後、持参した時計に気温計がついていたので、表に出して測定することにした。家の中だと、だいたい二十九℃か三十℃。日向《ひなた》の地面に置いてみる。ぐんぐん数字が大きくなる。三十二、三十三、三十四…三十秒に一度くらいのペース。ひぇーすごい。ちょっと家に入り洗濯物をたたんだりしつつ、もう一度見に行くと、すでに四十六℃！　観察すると、ペースは落ちたもののまだ上がっていく。四十七℃………四十八℃………どこまであがるのだろう。

それからしばらく放置し、最終的にはなんと五十三℃まで上がった。外に出ると、暑さにクラクラしてしまうわけだ。しかし、地面で計ったのだから、空中より暑く、地熱で異常な温度が出たのだと思い、今度は洗濯ヒモに吊るして測定。それでも四十七℃あった。

さすが、アマゾン！　さすが、ジャングル！

そんな昼がウソのように、夜は冷える。フリースを着て、ハンモックには羽毛の寝袋、その下に分厚い毛布を敷いて寝る。

日も昇りきらない明け方に、湖へ歩いてみたことがある。まだ夜の気配が漂《ただよ》っていた。太陽の端っこが姿を表すと同時に、その熱で一気にぶわーっと湖から霧が発生し、幻想的な世界となった。静かな青紫が息を吹き返すように、ピンクに色づいていく。変化していく光と霧を眺《なが》めていると、背筋からぶるっと身震いした。その頃で気温は十四℃だった。

一日の寒暖差が三十℃近くもある。「二十四時間に四季を体験しているようだ」と、研子さんが講演会でよく言うのも納得できる。

美しき女性たち

よく働く女性たちは女として、母としての役割を全《まっと》うし、真っすぐ生きているように見える。そういった内なる自信が彼女たちの美しさの源なのではないだろうか。

インディオの生き方はこの星、地球の法則に従った、人間の暮らし。

ふと我が身を振り返って見ると、東京という都会で生まれ、気持ちの面では季節を大切に、産地の見える食べ物を意識している方ではあるが、大地に根ざした生き方などとは到底いえない。その一方で、ここ数年の私の経験から、インディオの人間本来の生き方を日本で伝えつつも、私の日常はそれとは正反対のところにあると思った。

そのまんま生きて、出産して、子育てをする美しいインディオの女性を目の前に、心では直感のまま生きて来たけれど、好きなことばかり突き進んで、結婚も出産もせず、私は、体では本能的に生きてないのではないか？　という疑問を持った。この二つの矛盾から、自分の想いと行動と現実がバラバラになり、突然襲いかかる暗い気持ちに支配されるようになった。

アマゾンに行っていることを周囲の人が「大変な仕事だね」「偉いね」と評価して下さっても、まっすぐ受け止められず、「実際の私はそんなことないのに…」という焦燥感《しょうそうかん》に変わっていった。

悩みを含めた色々な状況が私をここに導き、今へとつながる。一つひとつの要素がなければ、アマゾンの仕事もしていなかった。全てのことは私が自分で選んできたこと。無駄なことなどなく、その全てによくなる要素がたくさん詰まっている。頭でそう思っても、この種は私の胸にストンと落ちてはくれず、つかえてばかりだった。

その種から芽が出るかは私次第で、それを育てるには自分への強さが必要だ。周りと比べよ

カマユラの女性たちと。研子さん。

マンジョーカ芋の粉で主食を作る女性。

うのない私の個性を信じて、もっと強くなりたいと思った。

多くの方の想いを、アマゾンにつなげていくというお役目がある限りは、歩みを止めず、進んでいかなくては。自分で動いているのではなく、何かに動かされているという軽い気持ちで、強く自分を信じる。ラオーニが言っていた。

「体を動かしなさい」

色々と分析することなど、落ち込むくらいならしない方がいい。自分の生き方を評価できるのは自分だけ。今生《こんじょう》で一生つきあうことが確実なのも私の心と体だけ。それならば、自分を受け入れ、他者に優しく楽しい生き方を納得して歩むのが大切だ。

自分の個を確立することは、人生を通じての目標。もちろん信頼関係を築き、頼ることも頼られることもあるだろう。でも、何が起きても動じない覚悟と驚かない心の余裕のある、愛は深く、執着は浅い人間になりたい。

初めてのアマゾンで「私は生きているだけでいいんだ！」と学んだはずだったのに、周囲の環境で左右されてしまうとは、まだ修行が足りない。この本を書いているお陰で、命あるだけで有り難いのに、平和ぼけしている場合じゃないと気づかされた。

「自然発火の事態を受けて植林を見合わせたが、一方で減少する希少植物を調査するための薬草プロジェクトは継続している」そういう話をすると、呪術師マプルは村から十分くらい湖をボートで進んだところにある、彼女の畑に私たちを案内してくれた。胃腸薬の働きをする草、たん切り、シャンプー、傷薬、頭痛薬、出産を促進する作用のあるものなど、ジャングルには多くの薬草があることを細かく見せてくれた。しかし、彼女たちは牧場や畑の造成、地下資源の採掘、材木の他、薬草にも文明社会の人間が目を光らせているのをよく知っている。

「ブラジル人や外人に薬草のことを聞かれても、私は絶対に答えない」

彼女がそう思うのも、今まで他の部族で様々なトラブルが繰り返されているのを見てきたからだ。

私たちの社会では、お金があればほとんどのものは手に入るかもしれない。しかし、そのお金は自然資源という形あるものがあってこそ、循環され、価値と力を発揮する。資源を枯渇させては何にもならない。お金が大好きで儲《もう》けたいのなら、どうしてそこまで考えないのだろう。よっぽど自分の世代だけでいいのなら別だが、そんな悲しいことってないだろう。立ち止まってはいられない。現場に行けばやるべきことが、舞い込んでくる。

失われるものと残るもの

一週間近くをすっかり快適にカマユラで過ごしてから、小型飛行機でポスト・ジャワルンまで飛び、そこから船に乗り換えて二十分ほど川を下がったところにあるカヤビ族のピキザウ村と、さらに三十分下がったカピバラ村を訪れることになっていた。

カヤビ族の村では、彼らの部族が得意とするヤシでできたアクセサリーの数々や、この繊細なアクセサリーを作る工程も見せてもらった。

カピバラ村のミーティングではベロ・モンチのことも話題に出た。数年前に源流域にできたパラナ・チンガ・ドイスダムの影響でシングー川の本流沿いに位置するこの村でも、魚が劇的に減って水流がおかしくなったという。

それを背景に、さらに何倍もの計画規模を誇るベロ・モンチには、もちろん彼らも危機感を強く抱き、二〇〇九年十月末のムーヴメントには、この村からも何人かが参加したと言っていた。

カヤビの長老ヤワリが、大きなこん棒を片手に大きな声でゆっくりと話しだした。この村では唯一、彼らの伝統的な髪型であるお椀カット、耳にはヤシの枝を入れている。小柄だが体は分厚く、ずどんと大地に根を張っている感じのする人だ。

「お前たちの考え方、お前たちの言ったこと。私はそれを気に入った。私はポルトガル語をそんなに話さない。私はインディオだからだ。しかしいくつか、ここで伝える。ベロ・モンチの反対運動に参加したとき、ブラジル政府の大臣の一人が私に言った。〝お前たちはこんなにムダな戦いをして何を守っている〟と。シングー川、ジャングルは我々の大地にある。ダムは作ってはならない。ダムを作れば魚は減り、水は汚れ、森は死ぬ。そして、我々も死ぬことになる」

自分たちの命はジャングルそのものだ、私にはそう聞こえた。

カヤビ村での災難

カヤビの人々はとても小柄だ。私の身長は一五五センチだが、私より小さい男性もたくさんいるし、女性に至ってはほとんどが私以下だ。そのせいか、私たちの滞在した家は梁《はり》が異常に低かった。

私はスレスレで通れるが、私より大きい人は、みな少しかがまなくてはならない。

不幸にも研子さん、この家に滞在中、十回は梁《はり》に頭を打った。

「なんでこの村の人たちはこんなに小さいのよ!?」とぶつける度にもらしていた。

さらに、この家、天井の両端に大きな足長スズメバチの巣が一つずつ。高さは三〜四メートルありそうだが、たまにふらっーっと降りてくる。ある日、アリセが虫除けスプレーを研子さんのハンモックにまいた。

「ハンモックに何か虫がいる気がする」という研子さんへの親切心で、誰もいない間にシューッとまいたらしい。その夕方、私と研子さんがハンモックに揺られていると「ギャー！　イタイッイタイッ」尋常じゃないアリセの叫び声。痛みでも滅多に弱音を言わないアリセが何かにもだえている。

虫除けで弱ったスズメバチが、フラフラと下に降りてきてアリセの腕にぶつかった。何か虫がついたと思いパッと手で払った瞬間、彼女は右腕を刺されたのだ。

みるみるうちに赤く腫《は》れてきている。痛みは相当なようだ。顔をしかめて耐えるアリセ。すぐに抗生物質の軟こうをぬり、抗生物質を飲み、手当をしたが二、三日は熱も出て、腫《は》れも引かなかった。

刺された周りは大きく赤紫色になり、一週間経ってやっと、痛みは消えたようだが、腕には青アザが残っていた。梁《はり》に蜂、踏んだりけったりのカピバラ村の巻であった。

カピバラ村に滞在している間にアリセが何度も無線機で確認をして、ラオーニもメガロンもカヤポ族のカポト村にいると連絡が一致したので、次なる目的地、カポト村へ移動する準備を始めた。

船で再びポスト・ジャワルンへ戻り、そこから小型飛行機で一時間ほどシングー保護区上空を北上する。四十分もするとだんだん森の種類が変わってくる。カポト村周辺特有の低木がちらほらと広がる草原地帯が見えてきた。ここはシングーの本流からもかなり遠い。

昼過ぎ、カポト村に着く。懐かしさがこみ上げる。「メイクムレン！」あいさつもお手のもの。長老ヨバウに案内してもらうが、何となくまだ人影もまばら。狩りにでも行っているのだろう。荷物をざっと片付けて、私たちもお腹がすいたので火を起こして簡単に昼ご飯を作る。

到着してすぐは、物珍しさで色々なインディオが様子をうかがいに来る。数時間もすれば、こんなものかとわかり、各自の日常に戻って行くのだが、ヨバウの孫である三〜四歳の少女だけはずっと私たちの家に居着いていた。

カポト村の少女、コッコポロンッ。（中央）。

「モイナイジュクテ？（名前は？）」とカヤポ語で聞くと「コッコポロンッ」という。

長く滞在するときはこういう子どもが近くにいてくれると何かを頼んだり、こまめに手伝ってくれるので、とても助かる。カマユラ村でもマイラというマプルの娘がよく動いてくれた。この村ではコッコポロンッを引き連れて火起こしや写真撮影、薪《まき》集めなどをした。

ラオーニ、ブラジル・インディオの長老

シングー川上流の部族とは対照的にダイレクトなカヤポ族の雰囲気。彼らは自らのことを「メベンゴクレ」と呼び、自分たち以外は全て「クベン」と区別する。何しろ誇り高き勇者の集まりなのだ。カマユラもよかったけれど、ここもここでよい。貧乏揺すりをしながら話すおじさんや、子どもを抱いて前後に揺れながら、無表情でジーッと観察する女性。初めてのときはカヤポの女の強さが怖くて、緊張していたが、その裏にはあっさりとした愛嬌があることがわかってからは、ますます好きになった。それでも怒らせたらとってもコワイ。

二〇〇七年のラオーニ来日以来、ジャングルに行くときには毎年、ラオーニのためにカレールーを持参して村で作っている。具はじゃがいもと玉ねぎくらいしかないのだが、毎回ぺろりとたいらげてくれる。今回ももちろん作った。

私たちとのミーティングからそのままなし崩しで始まったカヤポの祭り。子どもの名付けの儀式のようだ。カヤポ族は大人になるまでに数回名前を変える習慣があり、その節目には儀式を行う。

夜になって、カレーの準備ができたので、夜空の下、村の中心にある男の家へそこで焚《た》かれ

ているたき火の明るさを頼りに、ラオーニを呼びにいく。

近くに行くと、老人ばかり古いメンツが葉を下に敷いて、それぞれパイプをくゆらせながら歌ったり笑ったり、何やら楽しそうにキャッキャッと火を囲んでいる。老人たちのはしゃぎぶりを遠巻きに見ている若者に「ラオーニは？」と聞くと、彼はにやりとしながら、輪の中にいるラオーニを指差した。

威厳溢れるラオーニ。

「ラオーニ、日本のご飯作ったから、お腹がすいたら来てね」あんまり楽しそうだったのでそれだけ伝えて戻ることにした。

しばらくしてラオーニは、青年を二～三人連れて入ってくると、カレーを見てにんまり。お皿によそうと、若者たちに残りの全てをあげて、という。興味津々でカレーにスプーンを伸ばす若者たち。好評だったようであっという間になくなった。

カレーを食べ終わるとラオーニは、ベロ・モンチ水力発電ダム計画に反対するためにブラジル国内を飛び回り、フランスまでも足を運んだことを話し始めた。

政府が一時は禁止し、もはや若者も使用することがなくなった、カヤポ族男性の習慣の一つが下唇に入れたお皿。勇者のシンボルであるひと際大きなお皿と、頭の羽飾りはラオーニにとってカヤポ族としての、シングーに暮らす先住民の誇りと覚悟を象徴しているように見える。精霊の話をたくさんしても、ラオーニはアマゾンの森を守るにはお金が必要だということも知っている。

ジャングルで暮らしながらも、ことあるごとに、街に出て声をあげ、森の声を代弁する。対極の世界を行き来し、何十年もずっと変わらず動き続け、同じメッセージを伝え続けているラオーニ。どこにいても堂々としていて、ユーモアがある。

彼の人生の中で積み重ねられた強さ、その経験はブラジルのインディオの歴史の一部であり、私の想像を絶するようなことだらけなのだと思う。

夜中まで続く祭りの歌声は、ハンモックに入ってもまだ遠くに聞こえていた。私の血に流れる古い記憶が刺激され、胸に熱いものがこみあげてきた。男の家で焚《た》かれるたき火の煙とともに、カヤポの人々の歌声が天に昇っていくような絵が広がった。

境界線上で考えたこと

町に戻ってから、今後の支援内容を詰めるため、ミーティングを重ねた。ある日の午後、小型機をチャーターしてシングー国立公園の南側の境界線上を視察することにした。

シングー国立公園の境界線上空。

離陸して十五分もすると、左右の景色がくっきりと緑の森と赤茶けた大地に別れる。シングー保護区の境界線だ。

人間が引いた線。境界って何だ？

よく見ると、保護区内にも関わらず四角く伐採されたところがある。小型機に同乗していたカミハンに聞くと不法伐採跡地だという。不法伐採の話はしょっちゅうインディオたちから聞いていたものの、こうやって伐採跡地を空から見るのは初めてだった。境界線のジャングルが始まるところから細く道が伸び、その先にぽっかりと、四角く伐採されている。そういう跡地が点々と見える。

保護区に流れていくクリゼブ川沿いを南に進むと、この川の源流域にあるパラナ・チンガ・ドイスダムが見えてきた。最終的にはシングー川の本流と合流するクリゼブ川。カヤビ族の村で言っていたのはこのダムだ。そして、この流域近くに集落のあるメイナク族やワウラ族の人々も、このダムによる水位の低下や魚の減少を訴えていた。

もちろん計画の段階で、上流域部族のインディオを中心に反対運動を起こした。しかし、ダムはつくられた。

旋回する小型機から外をのぞき一生懸命カメラのシャッターを切りながらベロ・モンチのことを考えた。このダムの何倍くらいの大きさになるのだろう？　そして、一度伐採した森は私たちの手では元には戻せない。失われた多くの命は返ってこない。

そこから生み出される電力はどれだけの人々を喜ばせるのだろう。こうやって犠牲の上に誰かの喜びが成り立つ仕組みは、いつまで続いていくのだろう。

日本に帰ればアマゾンの支援に協力して下さる方々、熱心に耳を傾けてくれる友人たちなど、賛同者はたくさんいる。それなのに、ここにダムがある。私たちはやはり、まだまだ少数派なのか…。

ダムを目の前に、とてつもなく大きなモノを相手にしつつ、そこに立ち向かう自分たちの大きさが見えてこないような、疑問の渦《うず》にどんどん入り込み、落ち込んだ。

それでも確実なのは、ここにはダムがすでにあり、森が伐採され、源流からの水量は減った。

そして、これの何十倍もの大きさとなるダムを、シングー川の本流にブラジル政府は作ろうとしているということ。

私たちは何て愚かなことをしようとしているのだろう。

養蜂プロジェクトの始まり

幸いにもカナラナからサンパウロへ移動しようという日に、この前年、二〇〇九年に私たちを訪ねて来てくれた、養蜂専門家のシジニー氏と連絡がつき、車で二時間以上かけて滞在していたホテルまで来てくれることとなった。

一九八二年からメイナク族に入っているアメリカのパール財団の支援の下、二〇〇五年に養蜂事業は始められた。

日本でも、近年ミツバチが消えたことが話題になっているが、蜂は多くの植物間を受粉しながら飛び回るため、行動範囲も広く、豊かな森が必要となる。農作物の収穫量が蜂により増加するという成果も聞いたことがある。

養蜂は少ない設備でできるので、インディオの社会、文化への影響、そして自然環境への負荷がほとんどない。この土地にとても合ったプロジェクトだ。

すでにメイナク族だけでも年間一・五トンの蜂蜜を生産し、ブラジル国内の大手スーパーに「有機」として付加価値をつけて卸しているという。

シジニー氏は、ボートにバイクを積んで、根気よく一人で村々を回り、技術指導や生産管理、その後のフォローなどを丁寧《ていねい》にやってきた。昨年は道具も組織もできあがっており、資金的な支援は大丈夫なので、プロポリスや蜂蜜の分析をしてほしいと言っていた。しかし、今年になると財団からの資金が減り、いくらかの資金的援助が必要になっている現状を遠慮がちに話した。

私たちも自然発火や不法侵入者のことをうけて、植林はひとまずストップし、マトグロッソの消防団には、消火活動に欠かすことのできないピックアップジープを寄贈したものの、今後継続的なものとしては、どのようなかたちにしていこうかと考えていた。話を聞いて、シジニー氏の活動は広げていく価値があると思い、協力体制をつくっていくよう話がまとまった。

ミーティングを終えるとシジニー氏にも荷物運びを手伝ってもらい、急いでカナラナのバスターミナルへ向かって、町を後にした。

帰国してからプロジェクトのための蜂箱の購入や、プロジェクト実施集落での現状や課題のリポート、写真などをシジニー氏から定期的に送ってもらい、アリセがフォローしながら順調に進んでいった。

シングーの過酷な自然環境下での養蜂は容易ではなく、蜂箱一つにしても、その木材、釘選びから慎重にやらなければすぐにダメになってしまう。シジニー氏は調査と準備を徹底し、新たな集落でプロジェクトを始めるために、養蜂事業に従事するインディオの担当者とともに二百個以上の蜂箱を一つひとつ作るところから始めた。

いくらポルトガル語ができても、ブラジルという国を知らない限りは本当に難しい仕事なので、アリセのきめ細やかな対応なくしては、今のＲＦＪの支援体制はない。

第7章
アマゾン、シングーへの道は続く

二〇一一年三月十一日

二〇一〇年の視察を終えて私たちが日本に戻ってから、養蜂技術者のシジニー氏はインディオ数名を、助っ人として彼の住むガウシャ・ド・ノルチに呼び、蜂箱二百個を完成させた。ブラジルの都市でもそうだが、さらに田舎町となると材料の確保からはじまり、物事が日本のようなスピードでは進まない。なぜ、今？　というときに電話回線が止まった、ストが起きたなどというトラブルが必ずと言っていいほど起きる。シジニー氏とは昨年の視察の別れ際でバタバタと約束を交わしたものの、現場を見ずに日本に戻らなければならず、私たちはアリセからの連絡と報告を聞いてはヤキモキしたり、胸をなでおろしたりしていた。

そんなとき、二〇一一年三月十一日、マグニチュード9を記録した東日本大震災が起こった。私は数日間、原稿に向かってばかりだったので、気分転換にと、スタッフの建守《たてがみ》姉妹と喫茶店でおち会ったときだった。東京でさえも揺れは大きく感じたが、幸い自転車だったので急いで家に帰り、テレビを見て愕然《がくぜん》とした。命を落とされた方のご冥福《めいふく》を祈るとともに、緊張の絶えない中、未だ避難生活をされている方の安全を願ってやまない。

「自然との共生じゃなく、人間がすべきは自然への服従。それしかできません」自然が猛威をふるえば、一瞬で飲み込まれてしまう。アマゾン通い26回、ジャングルでの二千日以上に及ぶインディオの生活に触れ、あんなに厳しい自然を目の前に「共生」なんて甘いことなんかできやしない、と研子さんの経験から生まれた言葉だが、まさしくこれだと思った。

テレビに映る津波に飲み込まれていく集落の映像が、燃えるシングーの森のイメージと重なる。改めて映像を見て考える。ジャングルの破壊は人為的なもので、それが毎日のように繰り返されている。テレビの画面越しにどんどん波に押し流されていく畑や家屋を見て、「あぁ」と言うことくらいしかできなかった。それは、支援活動をしていても立ちはだかる開発に押され、文明社会で毎日が進んで行く自分の姿を象徴しているような気がして、とても言葉にならなかった。相手が自然と人間で状況は違うけれど、すごく悲しい。胸が痛んだ。

福島第一原発に関しても、やはり私たちは自分たちの能力範囲以上のものに手を出してしまったのだ。原発のニュースを毎日見ながら、インディオたちはベロ・モンチ水力発電ダムのみならず、今までずっと、自分たちの大地が破壊され続けることを抱えて生きてきたのかと思った。インディオたちに対し、私はひどいことをしてきたと、ことの重大さを改めて感じた。

インディオに対してだけではない、偶然東京に生まれたものの、地方が原発による給付金で成り立つような仕組みを容認し、そこでできている電力を使って生きてきた。知らなかったでは済まない、感謝こそしているが、その一歩先まで考えることが今できることだと思った。反対者、賛成者、反対だけど反対派には加わりたくない人、色んな立場があり、それぞれに対し一側面のみで判断する偏見の視線がある。でも、私は少なくとも賛成はしない。未だメルトダウンした福島第一原発の処理方法も不透明だ。私はどこの立場にくくられてもいいが、原発はNO、使わない、作らないことを求める。そのための不便だって受け入れる。

被災を受けなかった私たちが不安に思って足踏みしていても何も始まらない。とにかく今まで通り、そして今までよりもう少し視野を広げ、耳を傾け、活動を続けるのみ。震災から数か月後、二〇〇七年岡本太郎美術館の展示を組織した高橋雅子さんが、長らく行ってきた活動を被災地の子どもたちを対象に「ARTS　FOR　HOPE」と名づけ、始めるということを聞き、私たちもそれをサポートしていこうとなった。二〇一一年十一月に私もこの活動のお手伝いを南相馬市でさせて頂いた。

話は戻るが、何だかんだと慌《あわただ》しくしていると、五月下旬のアマゾン行きまであっという間に月日が過ぎた。二〇一一年五月二十六日、成田を出発し、相変わらずの長い長い旅の行程を経て、六月九日頃、私たちはシングー国立公園内、カマユラ村に降り立った。

シングー国立公園五十周年祭

カマユラ村は非日常的な空気に包まれていた。ちょうど私たちが村に着いた翌日から、シングー国立公園創立の五十周年祭が催されることとなっていた。村は半年以上前からこれの準備にあたっており、円い集落の外にはいくつか新しい家屋もできていた。お祭りの三日間に向けて、カマユラ周辺にあるシングー川上流域の部族から続々と人が集まってくるという。一体どんなことになるのだろう？　十数部族が集まるなんて初めてのことだったので、ワクワクした。

祭りの準備で忙しい中、私たちに家の一角をあけてくれた女性リーダーのマプルは、水場や火を焚《た》けるところを案内し、気遣いを絶やさなかった。

どこもかしこも祭りの準備で賑《にぎ》わっている。これが終わるまで何もできそうにないので、お祭りを楽しむことにした。気づけば知らぬ間に人が増え、夜ともなればそこここにチラチラと野営しているインディオたちの焚《た》き火が揺れているのが見えた。その数を見て、こんなに人が来ていたんだ！　と初めてわかった。木々の間に上手にハンモックや布を吊って、火を焚《た》いて暖をとる。何ともたくましい人々である。

それぞれ皆きれいにペイントを体や顔に施し、腰、ひざ、足首、腕などに派手な羽根飾りや、動物の爪などを利用した音の出るアクセサリーをつけている。彼らが歩く度にシャンシャンと色んなところで音が鳴っているのを聞くと、夏祭りで特別に浴衣を着て、カラコロと下駄を履《は》いて歩いた昔の自分のことを思い出した。

祭りはクアルピという、その年の死者を弔《とむら》う儀式から始まった。村の中央に設けられた踊り場には、私が想像していた以上に人が集まっていた。部族ごとにそれぞれ踊りを披露し、五十周年祭が始まった。

それにしても暑い。ずっと見ていたくても、村の中央は炎天下、とてもじゃないけれど無理だ。こまめに日陰に入ったり、昼食の仕度をしたりと行ったり来たりしながら祭りを見ていた。

午後になると、集落の輪の外に作られた屋根の下でミーティングが行われた。五十周年を迎えて今までとこれからと、各部族の長老やリーダー、若手代表などが前に座った。誰もが口を揃えて言う

「我々にとってシングーは五十年でも何でもない。ずっとここにあるものだ」

ポルトガル語なので私も全てを理解しているわけではないが、長老たちが口々に言う言葉に耳を傾けながら思うことがあった。

彼らにとって、五十年でも何でもないが、開発による、シングーをめぐる状況の変化は五十年の間に起こった。日本が戦争に負けて復興するのに、五十年かかると欧米の国々は言った。しかし、日本は十年で復興したという話を祖母から聞いた。終戦から六十年、そこから復興の十年を引くと、日本が復興から発展に変わっていったとき、ここは、国立公園として線が引かれた。そして、他国や自国のために資源を吸い取られてきた。

発展まっしぐらにあった私の暮らす日本も、資源を吸い取っている国の一つだ。線を引いたその周りは変わり果てた姿になった。インディオも徐々に物質的に、町のモノにお世話になる生活が定着し始めている。いや、そうせざるを得ないような仕組みが始まりつつあると言った方が正しいかもしれない。こうして他数部族が集まり活気溢れる祭りに参加しながら、ただ楽しいだけではなく、より考えさせられるものを与えられた気がした。

各部族のリーダーがそれぞれに言葉を述べる中、ラオーニだけは、立ち上がるとマイクを払いのけ、大きな声でカヤポ語で話した。この場にはカヤポ語を理解できる人はインディオでもほとんどいない。しかし、ラオーニの勢いから彼が言わんとすることは、誰もが理解しただろう。

二日目。私が楽しみにしていたウカウカが始まった。ウカウカはクアルピのあと、死者に捧げる神聖な意味合いのある、相撲のような一種の格闘技。まずは女子の部から。二人が向き合って取っ組み合い、相手をベタッと地面に伏せたら勝ち。殴《なぐ》ったり蹴《け》ったりはなし。女子の部、何と言ってもカマユラ族が強く、圧勝！　であった。

続いてお待ちかね、男子の部。やはり迫力ではこちらが勝る。男子の方はどの村も力が互角、なかなか勝敗がつかず、同点が多かったもののイヤラピチ族が優勝。そういえばこの祭りのあと、イヤラピチの村も訪れたが、炎天下の中、日常的にウカウカの練習をしている男の子たち

ウカウカ。

がいた。日々の鍛錬《たんれん》こそ、勝利の賜物なのだと思った。

ジリジリと大地を熱する太陽の下、写真を撮りながらウカウカに見入っていたらすっかり日焼けして、背中がヒリヒリしていた。

マイラ

一年ぶりだったが、会ってすぐにわかった。「マイラ!」と呼ぶとちょっと照れつつもすぐに近寄って来た。

マプルの一番下の子であるマイラはちょうど五歳か六歳くらいで、私の姪と同じ年頃。たくさんの子どもがいる中でも、私にとって彼女は特別だった。

最初は私があげる飴《あめ》につられて、魔法にかかったかのように、よく手伝ってくれていたのが、そのうちほぼ毎日一緒にいるようになった。「マイラ火が弱いよ、私は家の中でもうちょっと仕度をするから、薪《まき》の火を強くしてね」そう言って中に入り、しばらくして外に出ると鍋が燃えるかと思うほど火を焚《た》いてくれたこともあった。マイラは「言われた通りにやったよ！」と言わんばかりの満足げな笑みを浮かべていた。

包丁も、私たちが持っていったスライサーも、使い方を一回教えれば、怪我などすることなくすぐに覚えた。私たちの作る日本食も喜んでパクパクと食べ、夜になると「オヤスミナッサーイ！」と言ってハンモックに戻って行った。

村でわからないことや人探しをしたいときはいつでも「マイラ！」水浴びに行くにも「マイラ！」どこにでも私にくっついて来た。実際、子どもであっても水場やちょっとした茂みに行くときは、インディオと一緒にいるのが一番安全で安心なのだ。私なんかよりずっとずっと、森に関する知識を持っている。

カマユラを去る日が近づくと、マプルがこんな話をしてくれた。

「この子は本当に色々なことをすぐに理解して、気づくの。ベロ・モンチの抗議行動でブラジリアに行ったときも、ホテルのカードになっている鍵やエアコンの止め方、ブラジル人がやっているのを見て、一番に覚えて私たちに全部教えてくれた。昨日は日本に行くか本当に悩んでいたのよ。私がどうするの？　行きたいの？　と聞くと彼女は一生懸命考えて、一晩明けた今日、〝行きたいけど…やっぱり来年にする〟って」

帰る日になると、木の実で作ったネックレスやビーズのアクセサリーを次々と持って来てこう言った。

「Eu sou sua filha!（私はあなたの娘だよ！）」

思わずかわいくて抱きしめてしまった。日本に来なくても、裸んぼでここで駆け回っているマイラが一番マイラらしくてかわいい。

しばらく会えなくなると思うと目の奥がじーんと熱くなった。笑いながら、グッと涙をこらえた。

マイラと私。

女性グループと工芸品製作

昨年、ひとまず集まって話した女性グループの工芸品製作だが、まずはカマユラ村の有志から始まることとなった。もちろん、リーダーはマプル。彼女は長老一家タクマの娘だけあって、周りをいつもちゃんと観察し、気を配りながらも、常に穏やかで伝えるべきことは伝える。芯は強いけれど程よく抜けていて、明るい人だ。

祭りが終わり、男たちとの会議も終え一段落すると、マプルから女性グループの話を聞く機会を設けた。まずは、有志の女性で集中的に工芸品を作るという。すでにその作業は始めているのだが、ここから先十か月間、製作を続け、二〇一二年四月をめどにサンパウロまで工芸品を運び、工芸品を取り扱う店などに購入をしてもらうという計画だった。

「安定して製作と販売ができたら、売り上げで交通費を出すつもり。けれども、最初だけ支援してもらいたい。いずれちゃんと仕組みができたら、コミュニティにも還元していきたい」

男性が関わる養蜂ばかりに集中してしまわないか、最初はちょっと不安そうだったマプルだが、こうして約束を交わすことができ、安心したようだった。マプルを中心にどんな工芸品が揃うのか、楽しみだ。

例のごとく、一筋縄ではいかない旅

カマユラ村からワウラ村への移動の日、ワウラ村からオンボロトラックが迎えに来た。前日に無線機でワウラ村に「朝九時半にカマユラ村に迎えに来て欲しい」と何度も伝えたものの、ジャングルのこと、インディオのこと、何があるかはトラックが来るまでわからない。しかし、時計を見れば時間通り、見事にトラックはカマユラに到着した。

研子さんは助手席、残るアリセ、シジニー、私とたくさんの荷物たちは荷台に乗り込んだ。風を切ってガタゴト揺れながら走るトラックの荷台は、なかなか快適で楽しいものだった。道中には、見慣れない巨木や実をつけた木々、自然発火で立ち枯れた木々のエリアなどがあり、風景を見ながら色々と想いを馳《は》せていた。

しばらくすると、数十メートル目の前で、ミシッミシッという音とともに、私たちの通る土道をふさぐように二十メートルはある巨木がドォーーン！ と倒れた。

あれよあれよという間に進路はふさがれ、丸太の手前で車を止めた。初めは状況が読めないのだが、私の肩くらいの高さまである倒れた丸太、どう考えても動かすことなどできない。トラックを運転していたインディオ曰く、ここからワウラ村は七キロ、彼は歩いて助けを呼びに行ってくるという。運転手の彼と一緒にいた七歳くらいの息子は、スタスタと村に向けて歩いていった。

荷物もあるので、トラックの荷台でとりあえず待つ私たち。今まで風を切って走っていたのがウソのように、ジトっと汗が出て来た。間もなくして、周りに小さな虫が飛びはじめた。蜂もいる。そして、気づけば大小様々な虫たちがブンブン飛び回り、私たちにたかり始めた。彼らは黒いものが好きなようで、黒目、黒髪目がけてぶつかって来て、目も開けられない。

それらを避けるために必死でうちわを動かす。うなじのところもムズがゆいので、帽子のひさしを首に巻き付ける。もうダメだ！　腕も気持ち悪いので長袖を着ようとリュックに手を伸ばす。と、そのうちわで虫をよけられない隙《すき》に、虫たちがびっしりと私の顔や首にブンブン飛んでくる。リュックも開けられない。気が狂いそうになった。

あぁ、何なの！　どこにも逃げ場がない。この状況に対して研子さんが提案した。

「ワウラまで、歩こう。こんなとこいられないよ、シジニーは男性なんだから荷物と一緒に待っていてもらおう」

急いで水筒とカメラのリュックを背負い、倒れた丸太をくぐり、歩き出した。私たちがなぜ歩くという選択肢を後に回したかというと、この炎天下だったからだ。五十℃以上の太陽の下、水も限られている。インディオは七キロというが、果たしてその数字もあっているかわからない。歩き慣れている彼らのこと、十キロ以上あるのをそれくらいに勘定している場合もある。間違ってもっと近いこともある。何とも言えない。

しかし、選択の余地などない、歩けばいつか必ず村に着くのだから、ゆっくり行こう、ということで歩き出した。やはり歩くのも暑くて辛かったが、あの虫攻めに合うことに比べたらまったく問題なかった。

道路に倒れて来た丸太。

一時間半ほど歩くと、助けを呼びに行ったインディオとすれ違った。とりあえず、現場に向かうところだったが、小脇に抱えたチェーンソーが何だかとてもむなしく見えた。（あれじゃあの大木は絶対切れないよ、どうするんだか…）まったく期待はしていなかったが、とにかく村に着くことが先決、歩みを進めた。

村の入り口がぼんやり見えて来たとき、後ろからトラックが来た。

「やった‼　通れたんだ！」結局大木の脇の茂みを切り開いて、大木の根の後ろを迂回《うかい》するようにしてトラックを通したようだった。

村は満月の祭りの続きで盛り上がっていた。早々に荷物をまとめ、熱中症気味の研子さんに飲み物とお昼を用意する。村人を集めてすぐに会議を行った。

大木の丸太をくぐるときに、蜂に刺されたといっていた研子さんだが、歩いて毒が足に回ったのか、熱中症もそれに加わった様子で、会議の後はずっと休んでいた。

翌日、昨晩はほとんど寒気で眠れなかったという研子さん、どうやら発熱したようだ。蜂に刺されたこと、炎天下を歩いたこと、旅の疲れなどが一気に出たのだろう。この翌日にはもう次なる村へ移動する予定だったが、一日延期をして大事をとることにした。

養蜂プロジェクト

今回の視察のメインは、養蜂事業の進捗状況確認と蜂箱や器材を届けること、さらに新規に養蜂を始める村での視察。カマユラ村から始まり、ワウラ村、イヤラピチ村、カラパロ村、ナフクア村、そして北に小型飛行機を飛ばしてカヤポ族のカポト村を訪れた。全ての村に着いたらまずすること、それは村の長老、リーダーと集落の人々を集めて、このプロジェクトの進め方を説明することだ。

毎回行っていることだが、全員を前に全てをクリアにし、全員が納得できるような形に進める。長ったらしく、回りくどい説明は誰も好まない。よりシンプルに、わかりやすく、こちらの条件も強調しながら研子さんはかなり言葉を選んで話している。

気になったのはやはり、器材の不足。カマユラの一人は、足がとても大きいので足に合う長靴がなく、裸足で蜂箱まで行っていた。カラパロの一人は養蜂の防護服が壊れて使い物にならないので、ありったけの洋服を体に巻き付けて現場に向かっていた。私も一度一緒に行ったのだが、彼の洋服のあらゆるすき間や結び目に、攻撃しようとする蜂がぎっしり、グイグイと入り込もうとしているのを見てハラハラしていた。カラパロは最後に訪れた村だったので、私が視察中に使っていた防護服を彼に置いて来てあげた。

イヤラピチ村の担当者、イタンはずっと養蜂の話を聞いていたが、始める道具もチャンスもなく、今回の私たちの視察を心待ちにしていた。野生の蜂の巣がだいたいどこにあるかを村人たちに聞き、村周辺で、地面に近く取りやすい枯れ木にある蜂の巣を蜂箱に移すことになった。斧《おの》で枯れた丸太を割り、中から蜂の巣を取り出す。シジニーが一つ一つ説明しながら、作業を行った。

ジャングルでの養蜂は、過酷だ。日中は五十℃を越える環境で、防護服に身を包まなければならない。蜂箱の設置してあるところは、日陰なのでまだしのげるのだが、野生の巣から蜂箱へ誘導するときは、日陰がないときも多々ある。蜂蜜を採取するときは、二十キロほどある蜂箱を背負って、追って来る蜂たちをまくために走っていかなければならない。もちろん、蜂にたくさん刺されることもある。整った施設などがあるわけでもない、全てがジャングルだ。つ

養蜂作業風景。

養蜂担当者たち（イヤラピチ村、カマユラ村）。

まり、養蜂を好きになっていないとできない。

こんな大変な作業を行っているのだから、それぞれの村の養蜂担当者は本当にまじめで素直な人たちばかりだった。ものの扱いも丁寧で、養蜂のことを何も知らない私であったが、ちゃんと気づかってくれた。

恥ずかしながら予習というものを何もしていなかったので、ブラジルに着いてシジニー氏から話しを聞いて、養蜂を少しずつ知る機会に恵まれた。

蜂は蟻のように集団社会を形成するのだが、よく耳にする働き蜂、社会の要となるこれらの蜂が全てメスであったことに驚いた。女王蜂は栄養価の高いローヤルゼリーを主食としているため、三年から四年生きるという。一方で働き蜂たちの寿命は四十五日ほど。ローヤルゼリーがサプリメントとして重宝される意味がよくわかる。蜂はとにかくきれい好き。排泄も絶対に巣箱の中ではしない。蜂蜜それ自体ももちろん抗菌作用は持っているのだが、免疫力を高めることで有名なプロポリス。異物が巣に入ったらプロポリスでくるむことによって雑菌の繁殖を防いだり、その抗菌作用を利用し巣箱の隅《すみ》に用いることで、巣箱を守っている。

また、蜂蜜は花粉と花蜜と水でできているため、きれいな水を要する。つまり、これらの要素を満たすためには、ある程度の豊かな自然が必要となるのだ。都会でも養蜂はできなくもない、しかし過密した住宅では難しい上に、蜂は排気ガスが嫌いなのだ。ミツバチが姿を消していると、ニュースなどでも騒がれるのは、それが主な要因なのではないだろうか。

様々な困難がありながらも着実に養蜂を進めるそれぞれの村の養蜂担当者たちは皆、口を揃えて言った。

「次はいつ来る？　来年？　ずいぶん先だね、でも、必ずまた見に来て欲しい」

日本に持って帰って来たシングーの蜂蜜を食べると、日本にはない香りと風味とともに、彼らの顔がいつでも思い浮かぶ。

ピラクマの話

イヤラピチ族の村では、長老の一人であるピラクマの家に滞在した。ピラクマの奥さんは、ヤムニ。彼女はシングーで一番と言っていいほど、見事な焼き物（陶器）を作る。久々の再会を果たした研子さんも、ヤムニに焼き物を注文してあったので、私たちの養蜂作業の傍《かたわ》ら、研子さんはそれの完成を待ちながらの滞在となった。

ある晩、私たちがすでにハンモックに横になり、寝支度を始めていると、ピラクマが静かにこちらにやってきた。

「研子に聞いてほしいことがある」

暗い家の中では、ろうそくに照らされ彼の顔がかろうじて見えるほどで、辺りは静けさに包まれていた。

「我々イヤラピチは今、その言語がもう話されなくなりつつある。今、この村でイヤラピチ語を話すのは私を含めて六人の長老だけだ。よその部族と結婚したりして、部族が混ざり、純粋にイヤラピチ語で話す家族はほとんどいなくなった。どうにか、子どもたちに伝えて、イヤラピチの言葉を残していきたい」

静かに話すピラクマの声は、大きな悲しみを帯びていた。しかし今、この状況に私たちができることは残念ながらほとんどないに等しい。唯一の可能性は、イヤラピチ語を話せる長老が、子どもたちに伝えることだと思う。しばらく考えてから研子さんは、彼女が以前出会った、アイヌ語を復活させたある女性の話をした。ピラクマも今すぐにどうこうしてほしい、というよりも想いの丈《たけ》を誰かに聞いて欲しくって、行き場のない気持ちを整理したかったような、そんな感じだった。

「研子に聞いてほしかったんだ。ありがとう」

研子さんの話を聞いて色々と考えながら、彼は自分のハンモックに眠りに行った。

養蜂事業もだいぶ見通しがつき、今まで自然発火や植林、様々な事業でつまずいてばかりだった中、いい歩みが始められたような気がしていた。そんなとき、彼の話を聞いて、シングーの外では、何も変わっていないことを思い出した。

インディオは変化する周囲に対応して、経済的自立を視野に入れて工芸品を作ったり、養蜂に携わったり、自らの文化を維持しながら、また揺れる若者も抱えながら、自分たちの生きていくべき道をこちら側に合わせるように、変容させて生きている。

しかし、一方でまったく変わらず、環境破壊だ、異常気象だと叫んでいるのは私たち自身だ。科学技術を進歩させ、今まで不可能だったことを可能にして来た文明社会だが、森林伐採を始めとした自然の破壊は、なぜ止まらないのだろうか。

日本に戻ってからも、このピラクマの話はいつも私の頭の中を巡っている。未だに明確な答えや道すじは見えてこない。

カヤポ族の抱える問題

カヤポ族は養蜂を何も始めていなかったので、今回、私たちはカヤポ族のカポト村での養蜂を検討するために、現地を訪れた。カポト村に着くと、長老ヨバウは奥さんの具合が良くないため街に出ており、もう一人のリーダーのパトイチはダム建設反対運動でポスト・ピアラスに行っているという。リーダー不在の村は何となくバラバラで、いつもと違う雰囲気だった。しかし、メガロンが一緒に来てくれたので、リーダー格の男性やメガロンを中心に話し合いを進めることができた。

カポト村でも、ＦＵＮＡＩが以前養蜂プロジェクトを持ち込んだようであった。今ではムルーレとその息子ベッキーレが家族単位で細々と養蜂をやっているという。ベッキーレは三十代そこそこであるが、奥さんの体調がここ数日悪く、飲まず食わずで大変だということで、私たちと入れ違いでコリーダの町へ行ってしまった。

残ったムルーレとシジニーと私でカポトの養蜂現場を見に行く。いくつか蟻にやられた箱などはあったが、五つの箱に蜂たちがおり、状況も良好だとシジニーは判断した。何よりもムルーレの動きを見てシジニーは、

「彼は養蜂に深い知識と経験がすでにある」と判断していた。

ＦＵＮＡＩが下準備をした養蜂も、継続したのはムルーレ親子のみ。立派な遠心分離機や蜂蜜のタンクなど、使っているものもあったが、多くの防護服や手袋、巣枠に使う蜜蝋は炎天下に置き去りにされ、見るも無惨な姿になっていた。ＦＵＮＡＩが初期投資をしたものの、途中で指導が放棄されてしまったようだった。

話は戻って村でのミーティング。シングー川上中流域で養蜂がうまくいっていることを耳にしたカポト村のリーダーたち。もちろん養蜂は始めたい。しかし、プロジェクトの担い手となる肝心の若者たちを見れば、ミーティングに参加しているのは数名、残りは横でサッカーに興じている。

「カポトは僕の住む町、ガウシャ・ド・ノルチからは遠い。たった一人を教えるために来るのは大変だけど、例えば十人でも養蜂をしたいという担当者の候補がいればいい。その中でもきっと、全員が養蜂を継続したいとは思わないだろう。続けられる担当者が数名残ればいい」

シジニーが皆に説明した。リーダーたちの意図もあり、半ば場当たり的に十名集めたように

も見えるのだが…、カポトでもどうにか候補者が集まった。若干の不安はよぎるのだが、あとはシジニーが八月に資材を持って技術指導に来るのみだ。

その八月。数日かけて、シジニーがカポト村に一番近い町、コリーダに着くと、メガロンはベロ・モンチの世界同一抗議行動の日だったので、ベレンに旅立っていた。シジニーは不安なまま、しかしプロジェクトを遂行すべく、どうにかカポト村に着いたものの、養蜂担当者は亀祭りの狩りで森で野営をしていて不在。思うような活動もできず、シジニーにとっては踏んだり蹴ったりの旅だった。私たちRFJはカヤポとの約束はしっかりと全うしたが、この先の技術指導は見直すことにした。村人のやる気がなくてどうしてプロジェクトができようか？

そもそもカヤポ族はラオーニ、メガロンを中心にインディオの中では力も持っているが、今はベロ・モンチ水力発電ダム計画の抗議行動で、村は常にリーダー不在に近い状態。プロジェクトなど、できるような環境にない。

さらにひどいのがコリーダのFUNAI事務所。何人もブラジル人職員がいるわりには、まともに働いている人がいない。中身もぐちゃぐちゃ、メガロンがいないとなれば私用に電話を使う人がいて通じないとか、とにかく話にならないほどひどい。

このような結果を招いてしまった大きな要因の一つは二〇〇四年の交通事故だ。研子さんの二冊目の著書（『アマゾン、森の精霊からの声』ほんの木刊）に詳しく書いてあるのだが、ダム建設反対運動の集会に出かけたラオーニの息子をはじめとするメガロン世代、その次の世代の有望な人々たちは、街からシングーに戻る道中、大雨の中、向かってくる大型トラックと正面衝突。若手のリーダーを含む八名もがその命を落としてしまった。

本来ならこういうときに、抗議行動に行く者、村に残って村をまとめる者と、役割分担ができるはずだが、完全に人員不足。もちろん亀祭りを行ったり、インディオとしての日常は進んでいるが、めちゃくちゃなFUNAIコリーダ事務所を通しながら、リーダー不在の村でどんなプロジェクトができようか。

つくづくこんな結果を招いてしまったのは私たちの社会なのだが、遠く離れたアマゾンでプロジェクトをしていくことの難しさを、身をもって感じる。

再びベロ・モンチ

シングー国立公園五十周年祭は時期をずらしてサンパウロでも展示と催しが行われた。ちょうど私たちがジャングルから戻ったその日にイベントがあったので、荷物を置いて休む間もなく、イベント会場へ向かった。

ジャングルから出て来て、街の雰囲気にへきえきとしていたのだが、着いてみればそこには見覚えのある顔ばかり！　ピラクマ、ヤムニ、コトッキ、…そしてラオーニにメガロン。旅から戻った疲れなどはどこぞ、何だかホッとしてしまった。

このイベントはブラジルのＩＳＡというＮＧＯが主催で、ジャングルから彼らを呼び寄せていたのだ。

パネルディスカッションがメインで進められ、シングーの今までと、今後について話し合いが持たれた。

サンパウロに戻って再び、期せずしてラオーニに会えたことはとても嬉しかった。

ラオーニが言った。

「日本で大きな地震が起きた。自然が怒っている。これからは日本だけじゃない、ここでも起きる。私が抗議行動に行くとき、森の精霊はいつも共にいる」

日本で署名を集めたこともあり、私たちも付け加えた。

「ラオーニが抗議行動に行くとき、日本からの精霊と人々の気持ちも一緒にいる」

そういうと、とても嬉しそうな表情をした。

サンパウロでラオーニと再会。

反ベロ・モンチ計画の動きは徐々に広がりを見せてはいる。アメリカのアマゾン・ウォッチを始めとした大きなＮＧＯも動き出した。ネット署名では六十万人分の署名が集まったという。しかし、ラオーニらインディオを中心に、それを掲げて二〇一一年二月にブラジリアの大統領府前で抗議行動を行ったとき、ルセフ大統領も、大臣たちも誰も姿を現さなかった。

　同年八月にベレンやサンパウロで何百人規模のデモを行ったときも、テレビのニュースでは「ベロ・モンチのデモで交通渋滞が起きた」という内容だったそうだ。

　ベロ・モンチはダムが造られるその前から、こうしてラオーニやメガロン、インディオたちをほんろうさせ、カポト村はプロジェクトのできるような状態にない。何も生まれず、何も改善されないこの状況に、怒りに近い感情が沸き上がってくる。

　あの美しいジャングルは、前述の通り土壌の栄養素が乏しいために、多種多様な動植物が支え合って作られた奇跡の森。一度伐採して、わずかな栄養の表土が流れれば森がまた息を吹き返すまでに、千年という月日がかかるという。

　人間の人生の尺度に入りきらないようなこの時間を聞いて、原発のことを思い出す。こんなにも自分たちの首を絞《し》めて、私たちはどこへ向かおうとしているのか。

守るべき大地はどこにある？

インディオ村に初めていったとき、興味を持って近づいてきたのは子どもたちだった。どこにいても何となく視線を感じる。歩いているとどこからか
「クスクス。ウフフフフ…パイングリ〜」と小さな声が聞こえる。

見回しても姿が見えない。するとまた、

「パイングリ〜アムレッテ〜ン（おいで〜）…ウフフ…」

ハッと見上げると、木の上からの声だった。子どもたちとの距離はこんなやりとりから日に日に縮んでいった。

そのうち、どんどんじゃれついてくる。こっちも本気になったときは、水浴びを終えていても何でも、砂まみれになって、地面にごろごろ転がって遊んだこともあった。インディオの子どもたちと遊び、村にいる彼らを観察して感じるのは、子どもの持っているそのエネルギーたるや、すごいものということだ。

日本に戻ってバスに乗っていると、制服を着た小学生たちが乗って来た。周囲に気を配りながら遊んでいるのを見ると、不憫《ふびん》に思えて仕方がなくなった。アマゾンで子ども本来の発散能

力を見た分、ちょっとくらい騒がしくても（こんなにお利口に自分を抑えて…偉い子たちだ）と思ってしまった。

多くの社会問題、環境問題にぶつかっても、誰も振り返ることなく、見て見ぬ振りをして、私たちの社会は突き進んできた。上澄みじゃなくて、底に沈んでいるものを拾わなくては何も変わらない。根本の仕組みを問う私は、馬鹿げているのだろうか。

シングーの大地はインディオに住む場所を与える。シングーの森は豊富な食料と水、家や生活に必要な道具の材料を与えてくれる。ときには遊びや学びの場になり、厳しい自然や、弱肉強食の動物世界では、命を落とすこともある。しかし、インディオたちにとって、シングーの大地は彼らそのもの。だから正々堂々と守っている。

一方で、私を日本人と区切ると、守るべき大地はどこにあるのだろうか？　私たちの衣食住を支えているのは、もはやこの日本列島だけではおさまりきらない。中国、オーストラリア、東南アジア、中東、ヨーロッパ、アメリカ、そして南米…世界からの資源で支えられている生活。つまり、日本人が守るべき大地は地球、ということだろうか？

根本の仕組みを問うならば、現場の開発をやめればいい。しかし、残念ながら、高層ビルのように積み上げられた現在の仕組みでは、生産を止めることは、流通や小売、消費に影響し、失業者の増加と経営破綻を促すだけになってしまう。そして、経済成長をせず右肩上がりでないことは、資本主義社会ではよからぬ結果とされている。

物質的な豊かさでは心は満たされず、モノは本当の喜びの代わりにはなってくれないということを、アマゾンは私に十分実証してくれた。それを前提として、人が生きるための道具の一つのはずの貨幣だが、悲しいかな、生きていくためのお金がなくなれば不安になるのは、私も含めて同じこと。これが厄介《やっかい》なのだ。

「このまま行くと、日本人は札束握って餓死する」最近つくづくこの研子さんの言葉はまんざらあり得なくもない、と思ってしまう。このまま進めば、の話だ。

環境保全活動が世に溢れ、「今ならまだ間に合う」といってからもう何年も経っている。しかし、貨幣がモノサシである限り、真実は見えてこない。

「これをすればいい！」なんて都合の良い特効薬などないのだ。

東日本大震災が起き、地震と津波、原発により、私たち日本人それぞれが生きること、できることを考えたと思う。私の想像を絶するような体験をされた方が多く、そこに寄り添うため、日々奔走《ほんそう》している方もたくさんいらっしゃる。

私がインディオから徹底して学んだことはただ「生きる」ということ。人がこの五体を使って生きる現場は「今」と「ここ」だけであり、それは誰でも共通だ。人間の数だけある、今ここでできることを、それぞれがシラミつぶしにしていくこと、それこそが力を持つと私は思う。

世界人類に共通なことは、何かを食べて、この地球で集団社会を形成して生きていくということ。大きな仕組みにあっても、実際に行動を起こすのは「個人」であり、行動はその「個人」の価値観に基づいている。私たちを生かしているのはお金じゃない、地球の恵みだ。一人ずつがその事実を踏まえ、毎日を行動することが大切なのではないだろうか。

今日は水筒を持っていこう。地産地消のものを選ぼう。欲しいけど本当に必要かどうか、もうちょっと考えよう。新たな消費の前に、あるもので工夫するという選択肢もあるのだ。自分の心を整理して、身の回りを整理して、想いを行動にする。

ストイックになることはない、そうしたら今頃私だって東京に住むことなどできない。それぞれの状況によって、できることは違うけれど、必ず一つや二つはある。

人は、行動を変えられる。アマゾンの現状は厳しいが、その状況は人が作り出している。つまり、人が変わるという事実に、状況も変わり得る、十分な希望がある。年齢に関係なく一人ひとりがかけがえのない存在で、全員に同じように生きていく中での役割がある。

今自分がいる環境に、想いというスパイスがあれば、必ず何かがつながっていく。そして、見えるものと見えないものがバランスよく磁石のように人を動かしていくような気がする。

ある部族では「幸せ」という言葉はなく、それに近い言葉は「皆が穏やか」という言葉になるという話を聞いた。自分だけが今充実していても、周囲の人と置かれている環境との調和なくしては、それは続かないし、一人よがりでは生きていけない。

「生きる」とは何だろう？

まだ道半ばだが、これまでの私の人生の中で、今に辿《たど》り着くまでの道のりの半分は自分で選んできたと思っている。でも、もう半分は大きな力のようなものに突き動かされて生きてきたと感じている。人は生きるために「生きる」だけ。

今、この地球上に、私たちと同じように毎日を生きているインディオたちがいる。アマゾンだけじゃない、地球を支えている、自然と生きるモノサシを持った人たち、生き物が世界中にいるから、私たちの毎日がある。

こういう人々から地球での生き方を学び、想いが行動になり、世界が動いていったら、アマゾンの森でインディオの暮らしが続いていき、ＮＧＯなんて必要なくなって、私もこの星のどこかで、いつか人間本来の生き方に近づける日がくるんだな、と楽しみにしている。そして、その世界を作るのは、私であり、あなたなのだ。

あとがき

ガウシャ・ド・ノルチの民宿に泊まっていたある夜、ふと目が覚めるとおなかのところがポツッと白く光っている。「また精霊か⁉」と一瞬焦ったが、光のすじをたどると天井に穴があいていた。いかにもブラジルらしい。屋根にも穴があいているということだろうか。肩の力が抜ける感じがしたが、これくらいの緩《ゆる》さっていいな、なんて思ってしまった。

青白く強い月光がすっと差し込んでいるのをみて、そうだ満月だったんだと思った。集落にいると夜は月明かりの暮らしだが、町にいると月の満ち引きにもなかなか目がいかない。

インディオの村で暮らしながら、心と体を一致させて、とことん今を大切にする生き方を目の当たりにした。それを目指すには生きることの明確さと、身軽さを兼ねそなえる必要があるのだな、と思った。そして、そうしようとすれば、心身ともに強さが求められる。ラオーニをはじめとした偉大な長老は、その徹底的な強さを持っている。

文明社会の日々は、心（頭）を満足させるために、体を酷使《こくし》させてしまうことが多い。背負うものも多く、「無理しないように」といっても、心か体のどちらかで無理せざるを得ないような働き方が、常になっているのではないだろうか。心は意外とがまんがきく、しかし、体の声ももう少し聞いてあげれば、その行動と働き方、生き方も変わってくるはずだ。そして、必然的に自然環境を考える生き方に、つながると思う。

私は先住民の世界や日本の古い暮らしに尊敬の念を抱いてきた。そして、人の悲しむことや誰かの反対の上に無理矢理何かを作る今の発展は、好きじゃない。でも、先住民の暮らしに魅力を感じない人もいれば、開発をして発展することが望ましいと考える人もいる。色んな意見があったとしても、毎日何かを食べて、生きていくのは皆同じだ。そして、それは地球でしかできない。

この本では、偏《かたよ》らないことよりも、思う存分私の視点で意見を書いた。好みが私と同じでも、違っても、何かを考えるきっかけにして頂けたらと思っている。

恵まれた家庭に生まれ、制限なく何でもやらせてもらいながら育った私が、少しでも何かの役に立ちたいと思って関わりはじめることができたのが、このアマゾンの活動。今となっては、アマゾンに私の歩んでいく道を先導されているような気さえする。ご縁だろうか。そのご縁の上に私の人生は成り立ち、今までずっと続いて来たのだが、ここで私を支えて下さっている方々に感謝の気持ちを伝えたい。

小学校から大学までずっと付属の私立学校に通っていた私と一緒に育った幼なじみ、女子グランドホッケー部の友人たち。今でもみんなとは仲良く、いつも支えてもらっている。

成城大学の小島先生が背中を押して下さって進学した筑波大学大学院。安仁屋《あにや》先生率いる自然科学実習では白神山地を縦走した。ヤギをさばいて食べた経験は、研子さんのオメガネにかかったようだ。白神山地の森で毎朝天気図を引いて、食べ物を背負って、火を起こし、励まし合い…今思えばアマゾン行きのための実習だったような感じもする。

大学院時代にたくさん面倒を見て頂いた、熊本県天草町の中村さんをはじめとする町の皆さん、千葉県和田町の羽山さんは、東京から来た私を快く受け入れて下さった。都市から遠く、素晴らしい風土を持った両町も、高齢化や過疎の問題を抱えている。第一次産業に近い暮らしをしている地元の人と共有した時間は、直接アマゾンのことを考えることに通じた。

ＲＦＪの仕事の傍《かたわ》ら、週末にはラジオ局でバイトをしてきた。二か月も仕事を抜ける前提で私を雇って下さった曽雌《そし》さんの深い理解とスタッフの方々に私の現地視察も支えて頂いてきた。

ずっと私を見守り、導いて下さった方々やアマゾンをご縁に出逢った大切な友人たち、南正人一家の皆さん。本当に色んな場面で支えて頂いてきた。

最後に…会員および支援者の皆様、ＲＦＪひろしまの松岡さんとスタッフのみなさん、ＲＦＪにいがたの長谷川さん、ＲＦＪながさきの陽子ちゃん、田崎さん、なかなか会えないけれど、とっても大きな存在です。

RFJスタッフで手芸部の建守《たてがみ》香苗ちゃん・麻奈ちゃん姉妹と濱崎なっちゃん、私のポルトガル語の先生であるマイビィ、これからもよろしくです。

ほんの木の柴田さんは、お忙しい中、何度となく原稿を確認してはアドバイスを下さいました。柴田さんのところに行く度に、士気が高まって執筆ができました。また、ほんの木のスタッフの皆様にもいつもお世話になっています。

姉の順子《よりこ》とあき（昭子）、兄のやす（泰孝）、小さな頃からたくさん楽しみを共有してきた自慢の兄弟です。一番上の姉順子《よりこ》はこの本の挿絵《さしえ》を描いてくれました。姪と甥は明るい希望の光、義兄ランディと義姉のせりちゃん、ありがとう。環境問題に関心を持つようになったのは尊敬する母の影響です。行動派の父を含め、個性豊かな面々に囲まれ末っ子で育った私ですが、皆は心配しつつも、いつも応援してくれています。

そしてアリセ、あなたなくしてRFJはもはや語れません。大好きです。

アマゾンと研子さんをつなぐキッカケを作ってくれたユキちゃん。この本を見て「わかる、わかる」と笑うユキちゃんの声が天国から聞こえます。

九十一歳で自称「出たきり老人」の祖母は本の出版を誰よりも楽しみにしていましたが、二〇一二年一月、突然の病により天に召されました。病室で朗読した原稿の続きを、やっと祖母に見せることができます。「ばば、ありがとう。本ができたよ！」

最後の最後に、「パイングリ、本を書きなさい」と大きな課題とチャンス、同時に多くの教えを与えて下さっている、南研子さん。いつも刺激的だけど、実はとてもピュアで繊細、チャーミングでちょっと変わった、尊敬するボスです。アマゾンとの出会いは私の人生を大きく変えました。

そして、本を読んで下さった皆様、ありがとうございます。こうして本を書き終えても、アマゾンの問題はまだ解決していません。だからまだまだ私は歩みを続けます。

今日もシングーでは、インディオたちの暑ーい一日がはじまります。

みなさんとの地球での一日の始まりに…

アリガトウ、メイクムレン、アウシュパイ、イッカットゥ・ネコポイ！

二〇一二年一月　白石絢子

白石絢子（しらいし　あやこ）

NPO法人熱帯森林保護団体(RFJ)事務局長。

1979年東京生まれ。

成城大学文芸学部文化史学科卒業。

2004年よりRFJにてボランティアをはじめる。

2005年3月、筑波大学大学院環境科学研究科卒業。

同年4月より毎年、代表南によるブラジル現地視察に同行し、支援対象地域であるブラジル、アマゾンのシングー先住民保護区域に入る。

現在は専属スタッフとしてRFJの活動をサポートしている。

イラスト●白石順子（しらいし　よりこ）
イラストレーター。1974年東京生まれ。
多摩美術大学を経てTuft University、
School of Museum of Fine Arts卒業。
イラストの他、グリーティング・カード、スタイ等のハンドメイド小物の制作・販売、かぎ針編み教室の主催をしている。
夫と娘とニューヨーク在住。yorikony.com

特定非営利活動法人 **熱帯森林保護団体**

(Non Profit Organization of Rainforest Foundation Japan：RFJ)


1989年5月設立。2008年、特定非営利活動法人格を取得。

代表、南研子。広島、新潟、長崎に支部を持つ。

ブラジル、アマゾンのシングー川流域に位置するシングー先住民国立公園の熱帯林の保全とそこに暮らす先住民（インディオ）の生活存続支援を主な目的として、毎年代表とスタッフが現地アマゾンへ視察に赴き、支援活動を行っている。日本国内でも開発の現状やインディオの生活、文化を伝える講演会や催しを実施。明るく、楽しく、わかりやすくをモットーにNPO活動を展開中。

★会員になり、活動をご支援下さる方は、年会費5000円。
ゆうちょ銀行：郵便振替　00140-3-144187
三井住友銀行：東京中央支店　普通口座　7066247
(銀行振込の方は、ご連絡先を別途当団体にお知らせください)

★入会お申し込み、連絡先：熱帯森林保護団体
〒154-0012 東京都世田谷区駒沢1-8-20
TEL：03-5481-1912 FAX：03-5481-1913
Email: xingu@rainforestjp.com　URL:http://www.rainforestjp.com

「アマゾン、インディオからの伝言」南研子著

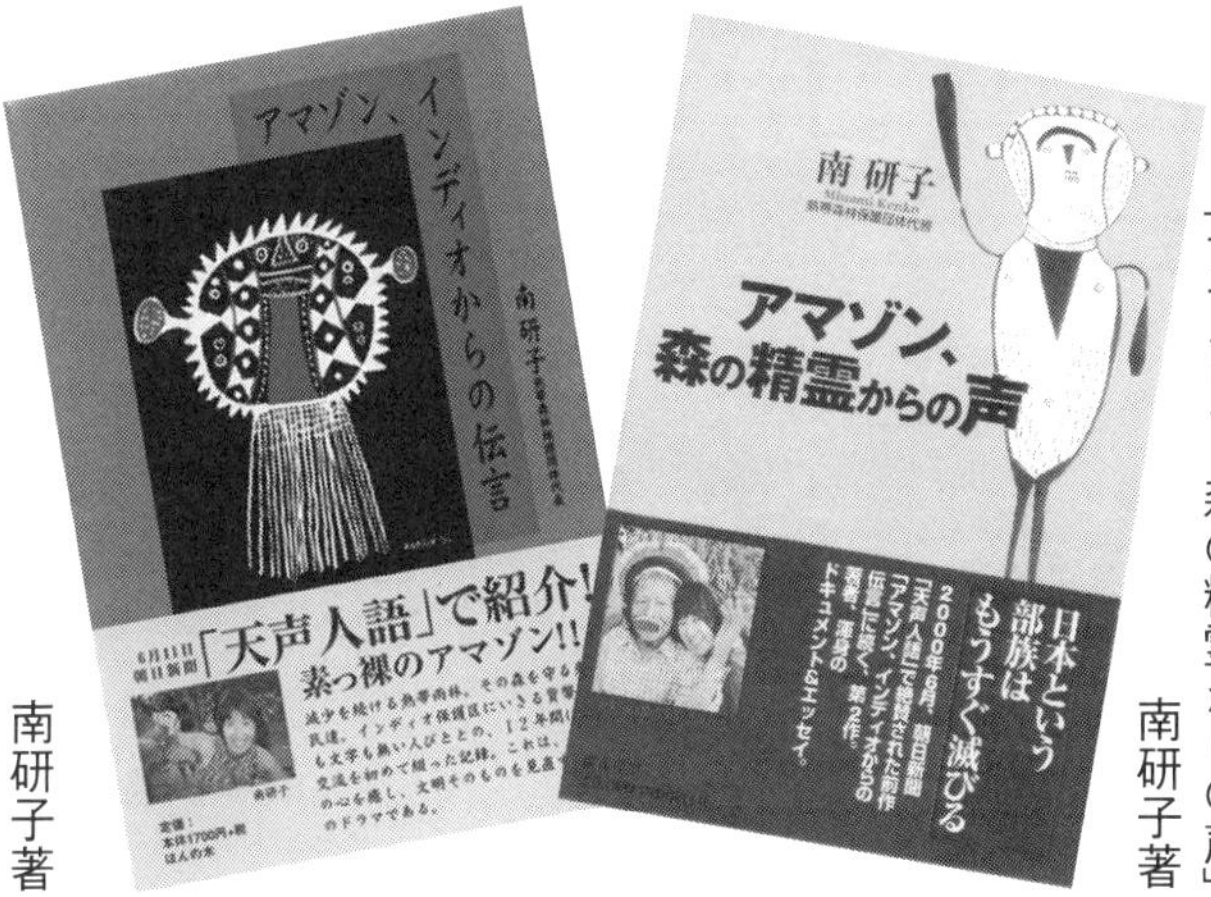

「アマゾン、森の精霊からの声」南研子著

RFJへのご入会のご案内

当団体の運営は主に会員からの年会費と個人、グループ、企業などからの寄付によりまかなわれています。

【RFJ年会費】一般（18歳以上）5,000円　/　18歳未満 3,000円

会員の皆様にはアマゾン情報をお伝えする年3回のニュースレター「あぱっさ」や当団体からイベント、お知らせなどをお届けいたします。

【会費・寄付のお振込先】

ゆうちょ銀行　00140-3-144187　熱帯森林保護団体

三井住友銀行　東京中央支店　普通口座 7066247　熱帯森林保護団体

・郵便振替の方は通信欄に「入会希望」または「寄付」とご明記ください。

・銀行口座でお振込の場合、ご住所とお名前をFAXまたはメールにて別途当団体までお知らせ下さい。

RFJのオリジナルグッズの一部をご紹介します！

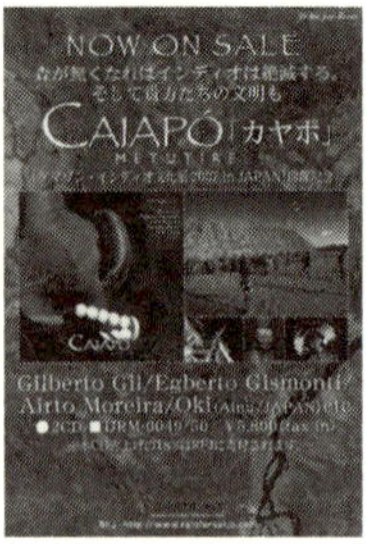

CD「カヤポ」
6,000円
(2枚組、税・送料込)
カヤポ族のインディオの歌を収録した「ethnic」とインディオの歌とブラジルミュージシャンやアイヌのOKIさんとのコラボ「fusion」の2枚組。

カタログ
「アマゾンの侍たち × 岡本太郎」
1,200円(税・送料込)
2007年、川崎市立岡本太郎美術館での展示がそのままA5サイズのカタログに!!

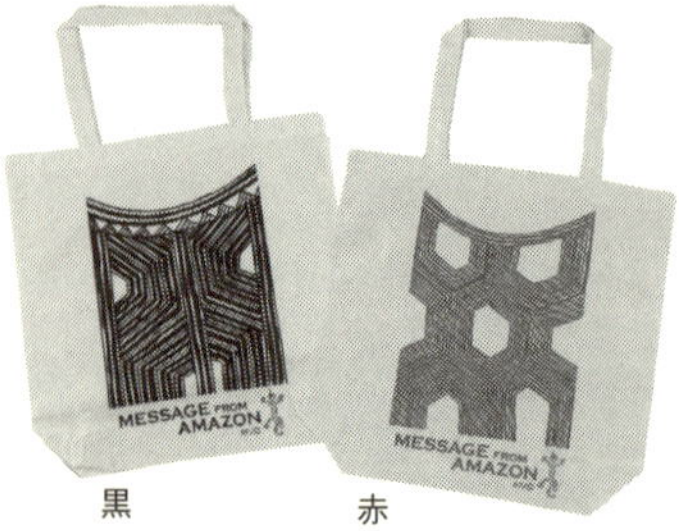

黒　　赤

カヤポ族 BODY PAINTING BAG
(黒・赤)
1,200円(税・送料込)
お買い物に便利。マチがあるので、A4サイズを入れても縦と横に余裕があります。

RFJオンラインショップ　**http://www.rainforestjp.com/shop/**

オンラインショップでは、ここでは紹介しきれなかった書籍やTシャツなど、様々なアマゾングッズを販売しております。ぜひ一度ご覧下さい。

(商品に関するお問合せ)　TEL 03-5481-1912　メール shop@rainforestjp.com

〒154-0012　東京都世田谷区駒沢1-8-20 FAXは03-5481-1913

アマゾン、シングーへ続く森の道

2012年3月3日　第1刷発行

著者――――白石絢子
プロデュース――――柴田敬三
編集・制作――――㈱パン・クリエイティブ
発行人――――高橋利直
総務――――岡田承子
営業・広報――――野洋介、柳沢秀昭
発行所――――株式会社ほんの木
〒101-0054　東京都千代田区神田錦町3-21　三錦ビル
TEL 03-3291-3011　FAX 03-3291-3030
郵便振替口座 00120-4-251523 加入者名　ほんの木
http://www.honnoki.jp/
E-mail　info@honnoki.co.jp

印刷　中央精版印刷株式会社

ISBN978-4-7752-0079-7

ナチュラル・オルタ
第1期全6冊

B5サイズ80頁オールカラー
各1冊1,575円（税込）送料無料
6冊セット割引特価8,400円（税込）送料無料

自然治癒力と免疫力を高めるシリーズ

1号

「なぜ病気になるのか？」を食べることから考える

病気にならない食べ方、食事で高める免疫力、自然治癒力。症状別の有効な食べ方、加工食品の解毒・除毒の知恵など、正しい生活から病気予防の方法をご紹介いたします。

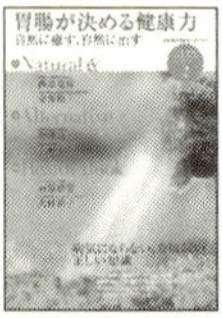
2号

胃腸が決める健康力

体に溜まった毒の排出、正しい食習慣、ストレスを溜めると胃腸力が弱るのはどうして？ 薬や病院に頼らないで自然に癒す、自然に治す生き方、考え方、暮らし方を胃腸力から考えます。

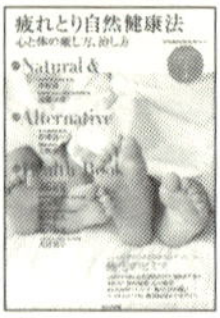
3号

疲れとり自然健康法

体の12の癖、心と体の癒し方、治し方、疲労回復の総特集。体の疲労、心の疲労などさまざまな視点から疲労を捉え、その疲労を代替療法や免疫力・自然治癒力で治すための本。

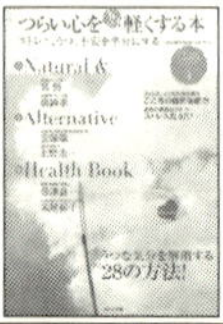
4号

つらい心をあ軽くする本 ストレス、うつ、不安を半分にする

病院や薬に頼らずストレス、うつ、不安を克服する特集。ストレスのもとを断つ、うつな気分を解消する、心の病に働きかける代替療法など、気持ちが軽く、スーッとなる一冊です。

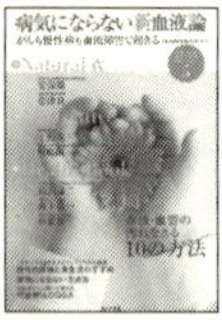
5号

病気にならない新血液論 がんも慢性病も血流障害で起きる

がんも慢性病も血流障害で起きる！ 長生きのための新血液論。血液をサラサラにして血行をよくするためのさまざまな方法を、血液・血管に詳しい医師の話を中心にまとめました。

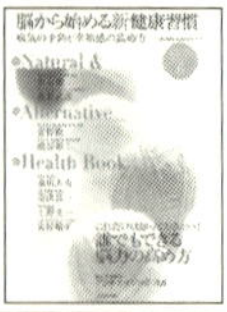
6号

脳から始める新健康習慣 病気の予防と幸福感の高め方

病気予防と幸福感の高め方など正しい脳とのつきあい方、人生を豊かにする脳の磨き方、脳を健康にする食生活、今の時代に適した脳疲労の解消方法などを医師・専門家に聞きました。

ホームページからもご注文頂けます。
「ほんの木」のホームページ http://www.honnoki.jp

新刊

尾木ママの教育をもっと知る本

法政大学教授・教育評論家
尾木直樹 著

定価 1,575 円（税込）送料無料 A5 判 126 頁

子育て・教育

テレビや講演会ではここまで話しませんでした!

尾木直樹さんの子育てと教育への強い願いを発信していくシリーズの創刊号！先進的な韓国の英語教育現場のレポートや、「便所飯」などの問題で揺れる日本の大学の現状、親や教師が抱える教育についての疑問・質問に尾木さんが答える「教育相談インタビュー」、さらにテレビでは聞けない裏話も飛び出す「尾木ママの部屋」など盛りだくさんの内容です。

尾木直樹／教育評論家・法政大学教授。高校教師を務めた後、教育評論家として各種メディアで一躍人気者に。著書多数。

尾木直樹さんの「未来への教育」シリーズ（全 6 冊）

法政大学教授・教育評論家
尾木直樹 著

割引 6 冊セット 8,400 円（税込）

各号定価 1,575 円（税込）送料無料 A5 判 126 頁

「グローバル化に追いつこう、日本。子どもたちの『幸せ感』をもっともっと高くしてあげたい」

尾木直樹さんが強く願うヴィジョンを発信していくブックレットシリーズが誕生しました！ 子育てや教育に悩む、ご両親、先生方におすすめします。

【各号のテーマ】（2 号～ 6 号は予定）

- **1 号 尾木ママの教育をもっと知る本** 発売中！
- **2 号 子どもを愛していますか**
- **3 号 学校と子どもを元気にする方法**
- **4 号 学力と子どもにとっての幸せ**
- **5 号 教師格差と困った親たち**
- **6 号 いじめと家庭、いじめと学校**

※ 2 号から 6 号は 2012 年発行予定。刊行は 2 ～ 3 ヵ月に 1 冊を予定しています。
お得な 6 冊セット定期購読割引もございます。詳しくは「ほんの木」までお問い合わせ下さい。

ホームページからもご注文頂けます。
「ほんの木」のホームページ　http://www.honnoki.jp

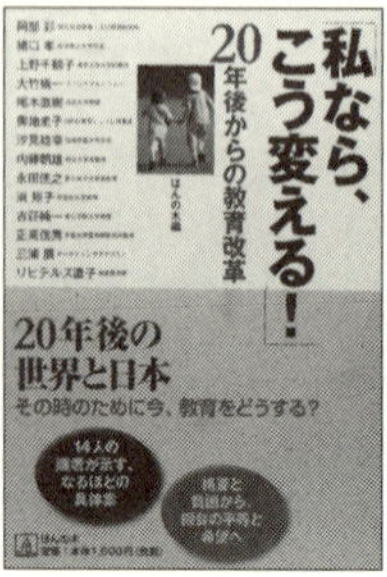

私ならこう変える！ 20年後からの教育改革

ほんの木 編

定価 1,680 円（税込）送料無料 A5 判 208 頁

今から 20 年後、私たちの社会はどうなっているのでしょうか？　未来を見据え、これからの子どもたちが幸せに生きていくための教育の抜本改革を、多様な分野の専門家が提言します。

《本書に登場する方々》（敬称略・五十音順）

- ●阿部彩（国立社会保障・人口問題研究所）
- ●猪口孝（政治学者・新潟県立大学学長）
- ●上野千鶴子（東京大学大学院教授）
- ●大竹愼一（ファンドマネージャー）
- ●尾木直樹（法政大学教授）
- ●奥地圭子（NPO 東京シューレ理事長）
- ●汐見稔幸（白梅学園大学学長）
- ●内藤朝雄（明治大学准教授）
- ●永田佳之（聖心女子大学准教授）
- ●浜矩子（同志社大学大学院教授）
- ●古荘純一（青山学院大学教授）
- ●正高信男（京都大学霊長類研究所教授）
- ●三浦展（マーケティングアナリスト）
- ●リヒテルズ直子（オランダ教育・社会研究家）

シュタイナーの入門書

家庭でできる シュタイナーの幼児教育

ほんの木編　　ロングセラー！

定価 1,680 円（税込）送料無料 A5 判 272 頁

シュタイナーの 7 年周期説や 4 つの気質、遊びの大切さなど、家庭や幼・保育園などで実践できる、シュタイナー教育者ら 28 人の叡智がつまった一冊。

ほめる、叱る、言葉をかける

自己肯定感の育て方

ほんの木編 四六判 210 頁

定価 1,575 円（税込）送料無料

子どもの自己肯定感を育むために、親が日頃から気をつけたいポイントをまとめた一冊。

うちの子の幸せ論

ほんの木編 四六判 208 頁

定価 1,680 円（税込）送料無料

現代の教育に違和感を持つ親に贈る、子どもにとって本当に幸せな生き方の手引き。

ホームページからもご注文頂けます。

「ほんの木」のホームページ　http://www.honnoki.jp

災害ボランティアの手引き書

市民の力で東北復興

最新刊

ボランティア山形 著
（綾部 誠　井上 肇　新関 寧　丸山弘志）
定価 1,470 円（税込）送料無料四六判 240 頁

「ボランティア山形」東日本大震災 復興支援活動の記録

福島からの原発事故による避難者を迎え入れ、立ち上がった山形県米沢市民と、全国から支援に結集した心ある仲間たち。宮城、岩手、福島各県の地震・津波被災者にも物資とボランティアを送り続け、その運営体制と実践力が高く評価された「ボランティア山形」の活動を、最前線に立つ理事四人が語る白熱の一冊。

ボランティア山形　阪神淡路大震災に、米沢生活協同組合（現・生活クラブやまがた生活協同組合）の緊急支援策として、広く山形県民に呼びかけて組織。東日本大震災救援活動では従来の物資供給や人的支援に加えて、各ボランティア団体や大学、行政などと連携をして、避難者支援や政策提言などを行う中間支援組織的な役割が大きな活動の柱になっている。

そうだ！緑の党をつくろう（仮称）

出版企画

《事前ご予約購入のお願い》
日本に「緑の党」を作りたい！と立ち上がった２人が企画した本を出版するため、「事前ご予約購入」を募集中。ぜひ彼ら二人の熱い想いにご支援下さい！

原発を止め、日本に緑の社会をつくろうと立ち上がった、郡山昌也さん（左）と大野拓夫さん（右）

主な内容（予定）
- 世界で躍進する「緑の党」って何？
- 福島原発事故の今。子どもたちを助けたい！
- 緑の社会を目指す人々へのインタビュー 他

※ ご支援頂ける方は、本頁欄外の郵便振替口座に、1 冊 1,000 円（税込）× 希望冊数分をお振込下さい。本が完成次第、お送り致します。詳しくはほんの木までお問い合わせ下さい。

私、フラワー長井線「公募社長」野村浩志と申します

野村浩志 著　**テレビでも活躍！**
（山形鉄道株式会社代表取締役社長）
四六判 272 頁
定価 1,575 円（税込）送料無料

「鉄っちゃん」公募社長の奮闘記！

元旅行会社の営業所長が、赤字第３セクター鉄道の「公募社長」に就任。ユニークな営業方法を駆使し、経営黒字化と地域再生に挑戦中。読者から共感の声が続々と寄せられています。

郵便口座番号　00150-5-137934　加入者名　ほんの木
通信欄にお名前、ご住所、お電話番号と「緑の党をつくろう係」とご明記下さい。